小泉武夫
KOIZUMI TAKEO

# 肝を喰う

東京堂出版

# はじめに

これから述べる「肝《きも》」とは、哺乳《ほにゅう》類、魚類、鳥類、爬虫《はちゅう》類、両生類にまたがる脊椎《せきつい》動物の体内に必ず内蔵されている、体内最大の腺性器官「肝臓」のことである。その生理的役割は甚《はなは》だ重要かつ複雑で、それを説明するには膨大な紙数を必要とするし、第一、これを食べてしまおうという本書の主旨にはそぐわないので、ここでは省くことにする。

とにかくこの臓器はとてつもなく美味で、そして栄養価にも富んでいるので、昔から人はこの器官を特別大切な食べものとして重宝してきた。生でも、煮ても、焼いても、コッテリとした濃厚なうま味とコクは、人を魅了し、そして舌を誘惑してきた。

本書では、我が輩がこれまでさまざまなところで賞味してきた動物、とりわけ魚介類と肉用動物（牛、豚、馬、羊、ジビエ、鳥など）の肝料理を紹介すると共に、実際に自分で肝を料理して食べてきた話、そして肝の扱い方、料理の仕方、食べ方、さらにはその食味の魅力などを多方面から述べながら、肝料理談義を展開するものである。

# 肝を喰う もくじ

# 肝揉《きもみ》を喰う

## 肉用動物の肝を喰う

# Gyokairui no Kimo wo kuu

# 魚介類の肝を喰う

# カワハギ（皮剝）の肝

　およそ何千種という魚がいようとも、毒魚以外、共通して最も美味な部位といえばそれは肝臓である。とりわけカワハギという魚は、オチョボ口のくせに、餌を盗むのが上手で、誠に釣りにくい魚ということになっている。ところが、この魚だけを狙う偏屈な釣り人が多いのは、この魚の美味《うま》さを知っているからなのである。

　カワハギは「皮剝」と書く通り、ザラザラとした硬い鮫皮《さめがわ》のような皮を剝《は》いで食べるからその名がつけられた。

　ある時、広島市の料理屋で飲んでいたら、奇妙な一品料理の品書きが目に入ってきた。それが何と、「バクチウチの刺身」なんて書いてある。我が輩は度肝《どぎも》を抜かれるようなこの奇妙な名前の刺身に興味をそそられ、それを一皿頼んで待った。いったいどんな刺身が出てくるのだろうか。まさか勝負で負けた博打打《ばくちう》ちが金を払えずにそのまま肉屋に売られて刺身になってこの店に来たんじゃないだろうか。いや、まさかそんな馬鹿なことはあるまい。などと何が出てくるのかを頭の中で考えて待っている時は実に楽しいものである。

　そしてほどなくして目の前に現われたそのバクチウチを見て、我が輩はニヤリとしたものである。その刺身の美しさや身の透き通り具合、光沢などを見てカワハギと見抜いたからである。そうか。皮を剝がされて裸にされたからバクチウチということもあるのだと知って、大いに楽しめたことを覚えている。

背鰭《せびれ》に沿って包丁目を入れ、全体の皮を剝いでから刺身は勿論《もちろん》、椀種《わんだね》にしたり、ちり鍋にしたり、煮魚にしたりしていただくと実に美味で、夏季を旬とするが、冬でも絶妙である。肉が緊縮していて骨離れのよいのと、淡泊で生臭くないところが賞翫《しょうがん》されるところでもある。

昔は今のように冷送技術や運送事情が発達してなかったので、カワハギは大抵が鍋物で楽しまれていた。そのような時にも、この魚の肝臓は誠に大切な部分で、「カワハギのちり鍋」を囲む時の我が輩などは、目を皿にして憧れのフワフワ肝を追いかけたものである。しかし、今は新鮮なカワハギが手に入るようになったので、「ああ、カワハギの肝和《あ》えを喰いてえなあ」と思いたったら行きつけの鮨屋の親爺《おやじ》さんに前の日に頼んでおくと、翌日はその店で味覚極楽の気分が悟れるのである。また、魚市場が築地にあったころには、朝早く行って活魚専門店でカワハギやその親分みたいなウマズラハギを買ってきて、我が厨房《ちゅうぼう》「食魔亭」で心行くまで楽しんだのである。

そのカワハギやウマヅラハギを市場で手に入れる時には魚の目をよく見ることである。

昔から「目は態を表す」というのは何も人間界だけのことではなく、魚もそうなのである。よく澄んでいるものは間違いなく鮮度がよい。また、ぼやっとしていたり、しょぼくれていたり、目に白っぽい膜を張っていたりするものは絶対に買ってはいけない。

とにかくカワハギは、この目に美味不味の状態が宿るので、必ずパッチリと目開きしていて澄みきったやつを選ぶことだ。つまり言い換えれば、選び方次第でカワハギの肉や肝の味が決定されることになるのである。目が澄んで身もぐっと引き締まって、ずっしりとした手応えのあるカワハギが手に入ったら、ルンルンと口笛など吹きながら家に持ち帰り、早速、下ごしらえに入るのである。

頭に突起している角状の背鰭の根元に包丁を入れて、それを切り落とし、その切れ目から指を入れて尾の方向に皮を剝ぎ取るように引っぱると、気持ちよく皮が剝げて丸裸になる。腸《わた》を取り去り、肝は慎重に取り出して、あとはさまざまに調理して食するわけであるが、一度に何匹も手に入れて、明日も楽しもうなどと決め込んだ時には、必ず皮を剝いでから冷蔵庫の中に保存することが鉄則だ。皮がついていると、時間を追うごとに生臭みが強くなり、また味も不味《まず》くなるからである。

それでも不注意でちょっと鮮度が落ちたものは、刺身にせず、厚めのそぎ切りにして、水気を切って湯引きの形にしてから、寄せ鍋、ちり鍋、椀種にするとたいそう美味な高級料理となる。また、この魚を煮て喰う時には姿煮に限り、酒と味醂《みりん》と醤油であっさり味に仕上げると格別だ。

さて、いよいよ新鮮なカワハギの喰い方だが、先《ま》ずは淡泊な持ち味を生かした薄造りが最高である。それをポン酢でいただくと、特有のコリコリとした歯ごたえと上品な甘さが実に快いのであるが、何といってもその刺身に肝を添えて味わうのが秀逸である。熱湯に少々の塩を入れ、そこに肝を入れて完全に火を通す。それをすり鉢ですってトロトロにしたものを、薄造りやあらいにした刺身にべっとりと絡め、醤油で味わうのである。これが「カワハギの肝つけ」、あるいは「肝和え」というやつで、これはもうカワハギの喰い方の絶頂といったところで、そのあまりの美味さに悶絶《もんぜつ》したり気を失ったりする者もいるというほどである。また、すり鉢に残ったトロトロの肝には、四分の一ぐらいの合わせ味噌を加えてすり合わせ、途中、砂糖、酢、酒で味を調えながら仕立てて、それでカワハギの刺身を和える「肝の共酢《ともす》」も、味覚極楽の境地を味わえるのである。

そしてとっておきが「肝の酢漬け」で、この喰い方は、カワハギ大好きの通人もほとんど知らない幻の料理法なのである。熱湯を完全に通した、形のままの肝を三杯酢に一週間ほど漬け込み、それを輪切りにして酒の肴《さかな》とする珍味なのだが、これは実に風格のある味に仕上がり、その優雅さとコク味はあのフォアグラにも引けを取らぬほどのものなのである。
ところで我が輩の考えでは、「皮剝」という名のつけ方はどうも乱暴でいけない。あんなに肝が美味なのだから、いっそのこと「肝喰《きもくえ》」という名にした方がよいのではないかと思うが、どうだろうか。

## マダラ（真鱈）の肝

次に、真鱈《まだら》の肝は圧巻そのものである。姿もよいし形も大きく、その上、脂肪の乗り方が異常なほど濃いので、その肝臓から肝油が採取されることぐらいは誰もが知っている。とにかく油まみれの肝なのだが、最近の研究ではその油の中にスクワランという物質があって、これが不老長寿の妙薬だというので、鮫と共にその肝油が注目されているのである。

激しく吹雪《ふぶ》く津軽の鰺ヶ沢《あじがさわ》で、荒れ狂う日本海を睨《にら》みながら地元の酒豪三人と共に鍋を囲み、茶碗酒を呷《あお》ったその時の鍋が「じゃっぱ汁」という鱈鍋であった。これは濃厚豊満猛烈といった鍋で、巨大な真鱈の一匹全部を内臓もろともぶつ切りにし、野菜や豆腐などと共に味噌仕立てでグツグツ煮込んだものである。「じゃっぱ」とは津軽弁で「雑把」のこと。いろいろな材料を煮込んだもののことをいう。真鱈のじゃっぱ鍋には、当然立派な肝もデンと入っているから、その肝から出る油でじゃっぱ汁はこってりとしていて、何だかドロリと淀んでいる感じがするほどすごいものであった。それを啜《すす》ると口中に溢れるくらいにコク味が広がり、濃いうま味も口中で燥《はしゃ》ぐほどだからすごい。

たまらず丼《どんぶり》で数杯おかわりして、美味《うま》かった、よかった、またやっぺなどと感激して床に就いて三〇分もしない内に突然の腹痛。急いで便所に駆け込んでピュッと放ってほっとして。そしてまた床に就く前に突然に催して、また便所に走っていって少し落ちついて戻ってきて床に就くとすぐにまた催す。こんなことを続けてとうとう朝が来た。

脱水症状気味の青白い顔に、まだ髪の毛が突っ立った状態でフラフラと朝食に行く。すると連中、もう朝酒を飲《や》りながら、昨夜喰い残したじゃっぱ汁で気炎を上げている。それを見て我が輩はギョッとした。「どうすか。よがったらここに来てまたゆんべの続きやっぺす」と一人が言うと、他の二人も「んだんだ。やっぺす」と誘う。我が輩は昨夜の便所通いの一件をリアルに語ると、みなは「そんじゃ脂肪《あぶらっこ》にあたったんすな。喰い慣れねえどすぐに脂肪にあたるべもんな。そういえば何杯《なんべい》もガッついていたすもんな、きっとあたったんだっぺ。だども大丈夫《でえじょうぶ》かよ」と最後はちょっぴり心配してくれた。

その時のじゃっぱ汁の鱈は格別巨大だったので、おそらく普段のものよりもずっと肝の量も多く、したがって、脂肪でトロントロンの鍋に仕上っていたのだろう。それにしても我が輩のような強靭《きょうじん》な体の持ち主が、脂肪《あぶらっこ》にあたって苦しむほどであるから、驚いたものだ。

昔から鱈は非常に活力の強い魚として知られ、死に瀕《ひん》しても側で高い音をたてたり何かの刺激を与えると蘇生《そせい》の気を示すといわれて、武家に珍重されてきた魚である。そのため武家や由緒ある町家筋では、わざわざ北国に使者を立てて鱈を正月の糧《かて》に求めたとのことで「比良の雪生鱈来べきあしたかな」とか、「加賀蓑《みの》を鱈に着せたる山路かな」といった味な句もつくられた。その強靭さは、きっとあの巨大な肝が活力源とみなされていたのだろう。

## ドンコ（鈍甲）の肝

鱈の仲間に通称「ドンコ」という魚がいる。塩釜や石巻《いしのまき》、小名浜《おなはま》の市場に多く水揚げされる魚で、正式にはエゾイソアイナメと呼ぶそうだ。体型はといえば、頭と胴体だけでできているといってもいいような不格好な魚で、腹部が異常に大きく、そこに巨大な肝臓が納まっている。深い海底に棲《い》るため、捕獲時の気圧の変化で目と舌が飛び出すことになり、一層グロテスクさを増してくるのである。

ところが、これを食べてみると形に似合わず誠に美味で、特に肝のうまさは格別。甘さをともなった特有のコク味は上質な脂肪のなせる業で、初めて食べた人などは思わず我が舌を疑うほどなのである。

この魚の食べ方はたった一つしかないと言っても、間違いない。それは薄味の味噌煮にすることだ。福島県の小名浜港に行った時、町の魚屋さんが「焼きどんこ」などというものを売っていたので、買って食べてみたところ、煮たものの比ではなく、肝が小さく縮まってしまい、まったく面白くないばかりか味もなくなっていたのである。

しかし、味噌鍋にすると肝臓のうま味が味噌の風味によって一段も二段も引き立てられ、コッテリとした肝が味わえるという次第。だからこの魚を店頭で見つけて買う時には、必ず腹が巨大に膨らんだものを求めるべきで、大きい分だけ、それは肝であり、料理は美味になる。

盛岡市の小料理屋に入った時のこと。店内の小さな黒板に「本日の料理」とあり、そこに「ドンコ煮」というのがあったので、おおっと思わず手を叩き、万歳などして頼んだのであったが、出てきたドンコ煮を見て愕然《がくぜん》としてしまった。腹がペシャンコに引っ込んでいる上に、下ごしらえの時に臓物を取り去ってしまっているので、これではドンコの値打ちはまったくなくなってしまう。とにかくドンコは、どこにも手をつけず、包丁も入れず、あくまでも一匹丸ごとをそのままの姿で煮つけにしてほしいものだ。肝を取り去ったドンコなど気の抜けたビールであって、金を払って食べるような馬鹿なまねをしてはならず、かといって、金をくれるから食べてくれと言われても沽券《こけん》にかかわるから口にしてはならないほどのものである。

## アンコウ（鮟鱇）の肝

ところで魚の肝を喰うという話になると、最も名高いのが鮟鱇《あんこう》である。あの巨大にしてグロテスクな体は軟骨でできているのでクネクネして切りづらい。そこで「鮟鱇の吊《つる》し切り」となるわけで、この魚ほど肝が大きく、そして美味な魚は稀《まれ》である。肉より肝の値段の方が遥かに高いという珍しい魚で、肝だけをボイルして、それを缶詰にして「鮟肝」として売っているが、それが一缶二〇〇〇円以上もするのだからびっくりする。

鮟鱇は肉も皮も骨も全て食べられるから、調理上は大変理想的な魚で、トモ、ヌノ、キモ、水袋、鰓《えら》、柳肉、皮を特別に「七つ道具」といって珍重する。鮟鱇鍋、鮟鱇汁のほかに、肝和え、共酢などがその代表的料理で、いずれも肝の存在が決定的役割を担っている。以下にその肝料理の実際について述べておくことにしよう。

思いきり奮発して「よし、今日はいっちょう鮟鱇一匹丸ごと皆に御馳走してやろう」などと豪勢なことを言い、鼻の孔《あな》などを拡げて、そこから熱い吐息をプープー吹き出して興奮気味で市場に急ぐ。そこで鮟鱇を仕入れることになったならば、その選び方は先ず、暗黒褐色の表皮に光沢がある鮟鱇を見つけ、次に腹が裂かれて出されている肝をよく観察し、こちらも光沢が差しているものをよしとして、さらに魚全体がたっぷりとしていて分厚いものを選ぶことにある。肝の鑑定は光沢のほかに肝の表面に張り巡らされた細い血管の色を見ることも大切で、鮮血状態の血管のものが特によいのである。

品定めができて、いよいよ鮟鱇を手に入れて、心ときめきながら家に持ち帰ったならば、庭ですぐに下ごしらえに入る。両鰓から縄か紐《ひも》を通して口からそれを出し、それを木の枝か柱か何かに引っかけて吊し、出刃包丁で切り裂いていき、七つ道具をあしらえ、大切な肝を傷つけず取り出すのである。

鮟鱇の肝料理の代表格が「共酢和え」で、肝をごく淡い塩水で茹《ゆ》でてすり鉢に取り、赤味噌を肝重量の五分の一ほど入れて、酢、砂糖、調味料を加えてよくすり、ドロ肝に仕上げる。別に七つ道具も淡い塩水で茹でてから水切りし、先ほどのドロ肝に和えて器に盛る。青ネギを四センチぐらいの長さに切ってから茹で、水気を搾ったものを添えて出来上りである。ドロ肝特有のうま味とコク味が淡泊な味の七つ道具と実によく合って、絶妙な酒肴《しゅこう》となって味わう者を味覚極楽の境地に誘《いざな》ってくれるのである。

ただ注意したいのは、「共酢和え」は一般的な肝和えのつくり方で、実は正式なものは「共酢」ではなく「とも酢」なのである。七つ道具の一つである「とも」だけでつくる「とも酢の肝和え」のこと。その正式なつくり方は、鰭《ひれ》や尾、腹から出る丸い袋状のもの、すなわち「とも」であるが、その部分を適当な大きさに切ってからよく水洗いし、淡い塩水で茹でたものを拵《こしら》えておく。別に肝に塩を振ってから蒸籠《せいろ》で蒸して裏漉《うらごし》にかけ、それに煮切り味醂と、白味噌、酢を加え味を調えてすり混ぜてドロ肝をつくる。このドロ肝に茹でた「とも」を加えて和え、出来上りとする。

確かに、この正統な「とも酢」は粋であってなかなかよいものなのだが、我が輩の考えでは、やはり「共酢和え」の方が総じて結構なのではないかと思う。その理由は、ドロ肝は鮟鱇のどんな部分ともよく合って確実に美味《おい》しく食べることができるからで、なにも「とも」だけで終わらせる理由はないと考えるからである。

次に「肝鍋《きもなべ》」の話。鍋に出汁《だし》を入れてそれを味噌仕立てにしておき、そこにネギ、独活《うど》、春菊、白菜、生シイタケ、三つ葉などの野菜と豆腐を入れ、さらに生肝を適当な大きさに切って入れ、煮立てるといった、ただそれだけの鍋である。野菜のサクサクと肝のフワフワとが味噌を介して絶妙に合い、また淡味の豆腐と濃味の肝とのコントラストも存分に楽しめ、頬っぺた落としの鍋を味わえるのである。この鍋は、肝が多ければ多いほどよろしいのだが、肝はやや高価なものであるから、あまり厚く切らずに少し薄めに切って枚数を増やすのもよいし、賽子《さいころ》大に四角に切って数をかせぐなども結構ではないかと思う。

肝を口に入れたら、慌ててガツガツと食べてしまうのはいけない。肝を舌の上にのせてから、その舌をゆっくりと上顎の天井に持ち上げ、舌と上顎とで肝を押し潰すようにして口中にトロリと広げ、そこから流れ出てくるうま味を味わうのが正解なのである。

次は「肝の煮つけ」であるが、肝を一度さっと茹でてから湯を捨て、ひと口大に切って醤油、味醂、酒、砂糖で味を調えたのち、本格的に煮つける。それを小鉢に取り、供するのだが、肝のホクホクとした感触とそこから出る濃厚な押し味、そしてクリーミーなコクがたまらない。

そして「肝の酢のもの」も優れた食べ方である。生肝にべた塩を振り、四〇分から一時間置いて塩締めし、それを水洗いする。適当な大きさに包丁を入れてから簀子《すのこ》で巻き、四〇分から五〇分間蒸して、冷やし、それを七ミリから一センチぐらいの厚さに輪切りにして小鉢に盛り、ポン酢と紅葉《もみじ》おろしをかけてから浅葱《あさつき》のみじん切りを添えて出来上りである。肝のトロリ、ホクリとしたコクとうま味がポン酢のうま酢っぱみととても合い、それを紅葉おろしのピリ辛が囃《はや》して絶妙なのである。

## アバサー（ハリセンボン・針千本）の肝

さて、我が輩が沖縄に行く機会が非常に多いのは、もう一〇年以上も琉球大学の客員教授をしていたためで、講義に行くたびにアバサーという魚の肝料理を賞味しているのである。何の魚の肝かというと、河豚提灯《ふぐちょうちん》で知られるハリセンボンである。サンゴ礁に棲《す》む愛嬌者で、身の危険を感じると、胃袋に大量の水を吸い込んで体を膨らませ、体表の棘《とげ》を直立させて針状のボールに変身する。ハリセンボンとか河豚提灯といっても、本州の防波堤あたりで釣られるあんな小さいものではなく、大きいものになると団扇《うちわ》ほどのものもある。この魚を肉と肝と骨とで味噌汁にしたり、煮つけると目が回るくらい美味い。「アバサーの肝和え」は、茹でてからすり潰した肝に茹でた肉身を和えたものであるが、あっさりとした肉の味に肝のこってりとしたクリーミーなうま味がのって、それはそれは極めつきな味となるのである。味噌仕立てで煮るのも美味だが、肝をそのままの姿で煮て、ステーキ風に大皿にのせ、ナイフとフォークで切り分けながら、ショウガ醤油で喰うのは、野趣満点のうま味がある。

そのように、沖縄ではアバサーの料理は一般的であるので、スーパーや魚屋に行くと、肉身と肝と粗《あら》がパック詰めされて売られている。那覇の空港から車で二〇分も走ると糸満市に着くが、そこに「道の駅いとまん」がある。その中に「お魚センター」という、美味しい海の幸がたっぷりと堪能できる食堂街がある。その中の一軒に魚汁専門の店があり、そこで啜る「アバサー汁」は圧巻である。大きな丼にアバサーの身と肝がゴロゴロと入っていて、それはそれは大満足。

## ウナギ（鰻）の肝

ウナギ（鰻）は捨てるところなどまったくなく、とことん食べつくされる魚である。調理で出た粗のうち、頭は串に刺して「甲《かぶと》焼き」、骨は「骨せんべい」、肝は「肝吸い」、または串焼きでペロリと食べてしまう。昔は、ウナギの肝を生食すると夜盲症に特効薬であるとのことで一部で薬喰いされたようだが、衛生上の問題から今はまったく行われていない。

昔も今も鰻屋の本格料理に肝吸いと肝のつけ焼きは欠かすことはできないが、その調理法は、ウナギを割いた時に出る肝を取り出し、それに付随する紐状の部分も少しつけて切り落とす。紐状の部分に含まれた汚物は指でこき去り、塩水で洗ってから熱湯で湯がき上げると下ごしらえは終了。それを吸い物椀に取って晒《さら》し、ネギを加え、出汁の効いた熱い澄まし汁をかけてからおろし生姜の搾り汁を落としたのが、肝吸いである。つけ焼きは肝を蒲焼き用の串に刺して蒲焼きと同じタレでつけ焼きし、粉山椒を振りかけるのが定式で、あるいは肝を薄口醬油で時雨煮《しぐれに》にしたのも、通し物にすると酒客《しゅかく》に喜ばれる肴になる。

ウナギの肝の栄養価は驚くべきである。例えば、重要ビタミンであるビタミンAはウナギ肝一〇〇グラム中四四〇〇〇マイクログラムに対し、牛のレバーは一一〇〇〇マイクログラム、葉酸はウナギ肝の三八〇マイクログラムに対して牛のレバーは二七〇マイクログラムなどである。ちなみにビタミンAは、肌の健康を保ち、喉や鼻の粘膜に働きかけて免疫力をアップさせたり、細菌やウイルスの侵入を防ぐこと、さらに疲れ目や視力障害といった症状を改善する大切な役割がわかっている。葉酸はビタミンB群の一つで、新しい赤白血球をつくったり、情報伝達に関わるDNAの合成に不可欠なビタミンといわれている。またビタミンEも豊富で、老化促進物質の増加を抑え、若返りホルモンの分泌を促進してくれる。つまりウナギの肝は精がつく、と昔からいわれてきたのは、このようなことを体験的に知っていてのことではあるまいか。

そのためウナギの肝は身と一体として扱われ、決して捨てられることなく肝吸いや串焼きで食べられてきた。ところがこのウナギの肝料理は、実は肝臓を使うのではないのである。というのは、ウナギの肝は味が弱く、その上、フワフワとやわらかなので串に打ったりすることはできない。そのため街の鰻屋で出してくれる肝吸いあるいは串焼きの本性は、胃を中心とした腎臓や腸が付着した消化器官くらいなのである。つまり「胃の吸物」とか、「腎臓の吸物」、「腸の吸物」などと名づけると、そう食指が動くものではないが、いきなり「肝吸い」とくると、どことなく客に強壮感を期待させたり、栄養価を意識させたりするので食べてくれることになり、鰻屋はそれで儲かることになる。

本当はウナギの肝ではないのだけれど、街では肝焼きや肝吸いと読んでいる料理について述べる。先ず、基本的な「肝煎《い》り」である。

鍋に調味料（ダシ汁一〇〇ミリリットル、日本酒大サジ二、醤油大サジ三、味醂大サジ一）を入れて中火で煮立て、そこにウナギの肝（二五尾分、約二〇〇グラム）を入れ、蓋をする。肝にしっかりと火が通り、全体がふっくらとしたら火を弱め、水分がなくなる手前まで炒り煮して火を止める。それを器に盛りつけ、粉山椒を振りかけ完成である。やや光沢のある飴《あめ》色に染まり、見た目にも食欲をそそってくる。食べると甘じょっぱいうま味がしてきて、胃や腸が歯に応えてコリコリとし、腎臓あたりはポクリトロリとし、濃厚なコクが出てくる。なお、肝煎りや肝吸いに苦みがあるのは腎臓の苦玉から来るので、苦みの嫌いな人は取り除いた方がいい。

この肝煎りを使ってつくるのが「鰻肝《まんがん》巻き」という洒落《しゃれ》た料理である。日本酒（大サジ一）と卵（一個）をよくかき混ぜ、そこに肝煎り（串焼き一本分ぐらい）を入れ、油を引いたフライパンの上で焼く。それをオムレツ形に折り固め、切り分けていただく。つまり「肝煎りの卵の包み焼き」といった料理である。実際につくって食べてみると、フワフワとしたやわらかい卵焼きに、コリコリとした肝煎りの歯応えが対照的で、肝煎りからの濃厚なうま味と甘辛みが淡泊な卵焼きの味をぐっと押し上げ、なかなかのものであった。

「ウナギの肝吸い」は、ウナギ料理の中ではよく知られた澄《す》まし汁である。名の知れた老舗《しにせ》の鰻屋の料理長に、本格的な肝吸いのつくり方を教えてもらったので述べることにする。肝吸いには、何といっても、新鮮な肝が第一で、次に出汁のとり方だということである。材料（二人前）で、出汁のつくり方は、鍋に水（三五〇ミリリットル）と昆布（五センチ×

一〇センチのもの）を入れ四〇分ほど浸ける。それを中火にかけ、沸とうする直前に昆布を取り出し、火を止めて削り立ての鰹節（一〇グラム）を入れ、五分ほど置く。これを、耐熱ボウルにザルをのせキッチンペーパーを敷いて漉《こ》す。それを鍋に移し、醤油（小サジ一）、日本酒（大サジ一）、塩（少々）を足して弱火を加え、そこに下処理をしておいた肝を入れ、ひと煮立して出来上りである。これを椀に取り、数片の三つ葉を浮かす。肝の下処理は、四個の肝を用意し、緑色の苦玉を潰さないように取り外し、筒状の部分を包丁の背でしごき血の塊や汚れを取り除く。それを流水でやさしく洗い、鍋に沸かしておいたごく薄い塩水に数秒間さっと湯通ししてからザルに上げ、流水で洗ってよく水気を切って、下処理は終わりである。

このようにしてつくった肝吸いは、鰻丼や鰻重の重厚なうま味と濃いめの甘辛さ、そして脂肪のくどさなどをしずめるのに格好な澄まし汁となるのである。

ところでそのウナギの肝といえば、我が輩はたいそう珍しいものを食べたことがある。それがまた、とてつもなく美味だったので今でもはっきりと覚えているのだ。材料は鰻屋で食べる鰻ではなく、メクラウナギという、やや深い海に棲《い》る、体長五〇センチぐらいの鰻であった。このメクラウナギは、形はウナギに似ているが、実はウナギ科ではなく、ヌタウナギに属する円口《えんこう》類の魚である。目が退化して皮膚に埋もれているからこのような呼び方がある。皮がとてつもなく丈夫にできているので、昔はそれをなめして下駄の鼻緒に使ったり、安価なハンドバッグに利用したりしたそうだ。そのような目的で捕られた魚であるから、肉はむしろ副産物で、乾燥したのがたまたま手に入るとそれで出汁をとったという。だが活《い》きのいい肉は、飴色の半透明で、さっと焙《あぶ》って味醂醤油かショウガ醤油をつけるだけで滋味《じみ》豊かな肴になるという。だが淡水のウナギのような泥臭さはなく、ポクポクとした感じで、牛か豚のレバーの串焼きを思わせるものであった。

すると、もっと美味い食べ方があるというので賞味させてもらったのが、何とすき焼き風の肝料理であった。丸い鉄板鍋に油を引き、焼き豆腐とネギの斜《はす》かけ、シイタケなどをジリジリと焼き、そこに肝を一〇個ほど入れて醤油、酒、味醂、割下で調味して食べたのである。珍しい肝のすき焼きだったのだが、これがまた大変にコクがあって絶妙だったので、ペロリペロリペロリと舌なめずりしながら、三人前は舌を滑っていったことを覚えている。

## オヒョウ（大鮃）の肝

大鮃は巨大な鮃《ひらめ》で、寒海の深所に棲み、体長二・五メートルにも達するものがある。ベーリング海やオホーツク海でよくとれ、北海道でも漁獲される。肉は美味で刺身、煮つけ、蒲鉾《かまぼこ》の材料となり、その肝臓から採った肝油には、不飽和脂肪酸やスクワランが含まれていて体に大層いいということになり、今日では天然医薬品や滋養強壮品の原料ともなっているとのことである。

我が輩は函館の友人の料理屋で、茹でた大鮃の肝を味噌と共にすり鉢ですった肴をいただいたことがあるが、その時の味はちょうど鮟肝の共和えに似ており、ひと口嘗《な》めては、辛口酒を飲み、飲んではまた嘗めて、一晩中騒いで朝を迎えたことがある。

## サメ（鮫）の肝

肝油といえば、大鮃など問題にしないほど大量に利用されているのが鮫である。肝油はビタミンAやビタミンDなどの脂溶性ビタミンを多く含み、またDHA（ドコサヘキサエン酸）やEPA（エイコサペンタエン酸）などの不飽和脂肪酸を多く含むので血中コレステロールや中性脂肪を減少させる効果を持っている。

最も多く使われているのはアイザメ（藍鮫または相鮫）で、日本では東京以南の深海、特に相模湾や高知沖で多産される。この全長一メートルと小形な鮫は、肝油が採れるだけでなく、肉は練り製品（蒲鉾や竹輪など）の原料にもなり、とりわけ肝臓が美味で、さまざまな料理で珍味にされる。特に新鮮な肝は刺身として賞味し、ポン酢和《あ》えも美味しい。肝をひと口大に切ってから牛乳に三〇分ほど漬けて臭みを抜く。それをよくボイルして火を通し、ポン酢で和えて食べる。その味はフォアグラまたは鮟肝のように濃厚でクリーミーで美味い。また、この鮫の肝は鶏のレバーに似ていることから、ニンジンや里芋などと共に煮物にしても大層美味である。肝の甘辛煮や唐揚げでも賞味されている。

アイザメに限らず日本では昔から鮫をよく食べてきた。最も美味とされるのがシロザメ（全長八〇センチ、北海道以南）で、南九州では身を茹でたものに酢味噌を付属してパックされている「ゆでぶか」が有名で、「ふかゆがき」の名でも市場に出てくる。その肉の脇に肝の切片がついているものなどあり、美味しい。

ホシザメ（体長一メートル、北海道以南）もシロザメに劣らず美味しい鮫で、新鮮なものは刺身で賞味しても実に美味い。アカシュモクザメ（体長二メートル以上、南日本太平洋側）も前出の二つの鮫と同じくアンモニア臭がなく美味魚である。鹿児島県に行くと、この鮫で「ゆでぶか」をつくったり、「ふか皮」で売っている。この鮫の皮を茹でて酢味噌で食べると、コリコリ、シコシコとした食感が楽しめる珍味である。このアカシュモクザメは薩摩《さつま》揚《あ》げなどの練り製品の優良な材料にもなる。この鮫の肝もしっかりと湯煮してから酢味噌で食べると、芋焼酎の肴に理想的である。

カマストガリサメ（体長一・五メートル、世界中の温帯海）も美味しい鮫で、この魚も鹿児島では薩摩揚げの重要な原料にしている。その際、副産物として出た肝は、唐揚げにしたり、黒糖で甘辛煮にして食べたりしている。サカタザメ（体長六〇センチ、南日本海）はエイ（鱏）の仲間の魚であるが、その刺身の歯応えは甚だよろしく、これを酢味噌で食べたり、肝和えで食べられて、薩摩焼酎の嬉しい肴になっている。

## オコゼ（虎魚）の肝

オコゼはカサゴ科に属する高級魚で、その形相からオニオコゼとも呼ばれる魚である。

体長は二〇センチから三〇センチで関東以南の太平洋、新潟県以南の日本海、および東シナ海に分布する暖海性種である。頭部の凸凹奇怪を極めるのが特徴で、体は長くてやや丸く側扁《そくへん》し、皮膚は滑らかで鱗《うろこ》はない。背鰭《せびれ》の棘《とげ》に毒を持ち、刺されると非常に痛い。肉身に脂肪は少なく淡泊で、カワハギやハゼ、カレイ（鰈）に似た透明肉である。こういう魚の肉は肝に和《あ》えて食べると例外なく美味で、共通して超のつく高級魚なのである。刺身でも、煮つけでも、ちり鍋にしてもよろしく、味噌汁にしても大いに喜ばれるが、その場合の肝の存在は不可欠といってよい。

我が輩は金沢市の料理屋でオコゼ料理を堪能したことがあったが、その中でも「オコゼの肝醬油」の美味さは、只事《ただごと》ではなかった。先ずオコゼの頭を割って出汁がじっくりと出るまで煮る。肝を淡い塩水で洗ってからその出汁の中に入れて湯通しし、刺身に添えるのである。オコゼの刺身はフグにも劣らぬ超級美味ものであるが、これを肝醬油で食べるとなると、さらに美味しさは倍加して、舌は踊り、頰っぺたは落ちる。

自分で刺身にする時は、この魚は毒魚の一種で危険であるから注意することが肝心で、頭部にある毒棘をハサミで切除してからおろしていく。背骨の両側から包丁を入れて中骨を取り除いた後、頭と鰭《ひれ》を落とし内臓を取り、皮を剝いでから身と肝を取り出す。その身はフグやカワハギと同じように薄切りにして平皿に綺麗に盛り、刻んだ浅葱《あさつき》を添える。

そして、いよいよ心ときめかせて食べる。先ず醤油を差した小皿に適量の肝を入れて、箸先でコチョ、コチョと突ついて広げ、そこに少しの七味唐辛子をパラパラと撒《ま》き、その肝醤油に刺身をペトリとつけて食べるのである。口に入れて噛むと、オコゼの身は歯に応えてコリリ、コリリ、シコリ、シコリとし、そこから優雅なうま味と品のいい微《かす》かな甘みがチュルチュルと湧き出てきて、その全体を肝のクリーミーなコクと濃厚なうま味、肝に入っていた脂肪からのペナペナとしたコクなどが包み込んで、たちまち味覚極楽の境地に陥るのである。

なお、オコゼの頭でとった出汁で肝を茹でるが、茹で上った肝を引き上げた時に出る残った汁は捨ててはもったいない。刺身におろした時に出た中骨や鰭を具にして味噌仕立ての粗汁にすると絶妙である。オコゼの肝も、これまで述べた別の魚の肝のように、酒、醤油、砂糖で薄味に煮つけると絶好の酒の肴となる。

## マグロ（鮪）の肝

マグロはサバ科マグロ属の硬骨魚類の総称である。本マグロ（クロマグロ）、キハダマグロ、メバチマグロ、インドマグロ（ミナミマグロ）、タイセイヨウマグロ、ビンナガなどがいる。またマカジキ科とメカジキ科にはメカジキ、クロカジキ、シロカジキ、バショウカジキ、マカジキ、ニシクロカジキなどがいるが、マグロに似ず上顎は剣状に伸びている。マグロの代表といえば何といってもクロマグロである。単にマグロといえばこれで、本マグロともいう。マグロ類中の最高級魚で日本近海では青森県の大間港、北海道の戸井港など津軽海峡や噴火湾のものが有名である。大きいものでは体長三メートル、体重七〇〇キロにも及び、一本で数百万円、御祝儀相場となると一億円を超すので話題も大きい。日本のみならず北半球の温帯海峡にも広く分布していて、南半球だけに分布するミナミマグロと南北西半球を棲み分けている。そのため世界各地の産地から航空便で日本に運ばれてくる量も莫大である。最高級のマグロの刺身や鮨種《すしだね》はよく知られていて、とくに脂肪の多いトロや中トロが珍重されている。

大概のマグロは主として肉身が利用され、刺身、煮物、焼き物、缶詰、味噌漬けなどで食べられるが、粗《あら》は中落ち（中骨についた肉）を生で食べ、ときどき心臓も煮つけられたり加工用に回される。また腸も細断して塩辛の一部になったりしているが、あとの大半の粗はまとめて乾燥してから粉体化し、動物の飼料として使われている。したがって捨てるところは先ずなく、魚体の全てが利用されている。

マグロ加工所で出るマグロの肝の食べ方は、とても多くある。生レバーで食べたり、串焼きにしたり、ステーキにしたり、あるいは肝鍋にしたりして賞味されている。市中の居酒屋ではあまり一般的ではないが、最近あちこちで見られるマグロ専門料理店に行くと、肝料理を出してくれるところがある。また、マグロ漁師さんたちやマグロ加工所で働く人たちの中には、皆で料理して酒の肴にしているところもよく見かける。とにかく動物の肝は例外なく美味であるので、食べずに捨てるなど、何とも勿体《もったい》ない話である。

以下に、本マグロ、キハダマグロ、メバチマグロ、インドマグロなど高級マグロの肝の食べ方などについて述べる。最も好まれる食べ方は、ショウガをたっぷりと効かせて甘辛く煮ると実に美味しい。肝をひと口大に切って一時間ほど日本酒に浸しておき、それをさっと熱湯にくぐらせておく。別の鍋に醬油、味醂、砂糖で好みの甘辛さに加減した煮汁（この時点ではあまり濃い味にしないこと）にショウガのスライスを多めに加え、それを煮立て、そこに肝を加えて火を弱めコトコトと煮詰めていく。途中で肝をかき混ぜてはならない。せっかくの肝が崩れてしまうからである。こうしてムラなく煮詰まったら出来上り。

それを食べると、肝はポクリ、ホクリとして歯に潰されてトロリとなり、そこから肝特有の濃厚なうま味がジュルジュルジュルと湧き出してきて、そこに脂肪からのペナペナとしたコクも流れ出てきて、全体がクリーミーでマイルドなうま味となるのである。さらにショウガの快香も加わり、幾分のピリ辛も囃《はや》し立てて絶妙な肝の煮つけが味わえるのである。

生レバーでレバ刺し風にして食べるのも美味しい。材料は新鮮なマグロの肝二〇〇グラム、長ネギ半本、白ゴマ小サジ一、ゴマ油大サジ二、ニンニクすりおろし二片、塩小サジ半分。肝は食べやすい大きさに切る。ボウルにゴマ油、ニンニクのすりおろし、塩を合わせて混ぜ、そこに肝を入れて揉《も》み込み、一五分ほど置いておく。それを皿に盛り、白ゴマを振って、みじん切りにした長ネギを上から散らして出来上りである。

これを我が厨房「食魔亭」でつくって食べてみようと、我が輩は行きつけの鮨屋の親爺に頼んで超新鮮なマグロの肝を手に入れることにした。その鮨屋の親爺は築地市場（当時）でもなかなかの顔なので、出入りしているマグロ専門の仲卸《なかおろし》から即座にもらってきてくれた。そして、その「マグロの生レバ刺し」をつくって喰ったのである。いやはや美味かったなあ。口に入れてやさしく噛むと、ツルリ、ペトリ、ヌルルとした食感で、そこから濃厚なうま味がドロロロロと流れ出てくるのであった。その重厚な味をゴマ油のペナペナとしたコクと、ニンニクのピリ辛が囃《はや》し立て、鼻からはゴマの香ばしい香りとニンニクやネギの快香が抜けてきて、また生臭みなどもまったくなく、実に美味であった。何といっても驚きは、牛肉などのレバ刺しと遜色のないことで、これは超新鮮な肝を手に入れたことによるものと我が輩は思った。

このように、マグロの肝が美味だと周知されてきたのか、最近では「本マグロのレバ刺し」が通販されているのである。例えば「長崎対馬《つしま》産本マグロのレバ刺し」のウェブサイトを見ると、「本マグロのレバー一〇〇グラム七〇〇円。発送する商品は全て下処理して真空冷凍にパックしてあります。その冷凍肝をパックごと水で三〜五分間流水すると解凍できます。半解凍した状態で食べやすいように切り、お使い下さい」とある。

マグロの肝を焼いて喰うのは串焼きが最も美味い。材料は肝一五〇グラム、タマネギ一個、ニンニク二片、ショウガ一〇グラム、醤油大サジ二、酒大サジ一、味醂大サジ一、長ネギ一本、七味唐辛子少々、粉山椒少々、サラダ油少々。先ずタマネギとニンニク、ショウガ、醤油、酒、味醂をミキサーにかけ、ペースト状の調味液にする。肝はキッチンペーパーに包んでほんの軽く押さえ、水分やドリップが出なくなるまで、何度もペーパーを替える。その肝をひと口大に切り、ボウルに入れた調味液の中に入れてよく混ぜ、三〇〜四〇分寝かせる。やや長い竹串に肝を打ち、その脇にネギ（白い部分を三センチぐらいに輪切りにし、サラダ油を塗ったもの）を打ち、そのネギの脇に肝を打つようにして、肝、ネギ、肝、ネギと連刺しする。すると一本の串に肝三個とネギ三本が刺される状態となる。その上から七味唐辛子と粉山椒をパッパッパッと振り込んでロースターあるいはグリルで焼き、こんがりと焼き上ったら完成である。

串の先端を指でぐっと握ってから、先ず肝の一個を前歯で押さえ、むんずと串を引く。すると肝は串から外れてコロッと口の中に入ってくる。それをムシャムシャと噛むと、肝は潰れてフワワ、ホコホコとなり、そこからこの魚特有の芳醇《ほうじゅん》で濃厚なうま味がジュルジュルと湧き出してくるのである。それをさらに噛んでいくと、肝はもうトロトロの状態になって、そこに七味唐辛子や粉山椒のピリ辛が参入し、秀逸となるのである。次にネギも口の中にコロリと入ってきて、これを噛むとこちらはホコホコとしてきて、そこから絶妙な甘みと快香がほとばしって出てくるのである。

鹿児島県南さつま市坊津《ぼうのつ》町にある坊泊《ぼうどまり》漁港の漁師の人たちのマグロの肝の喰い方には憧れてしまった。バショウカジキの肝をすり潰し、それをダシ汁と共に鍋に入れ、味噌で味を調え、そこにひと口大に切ったマグロの心臓、豆腐、ネギなどを加えてグツグツと煮た肝鍋である。我が輩はその漁港に行って喰ったわけではなく、鹿児島大学に講義に行った時に、いつも行く居酒屋仲間から聞いた話である。鍋の仕方や味つけ、加える具などは地域によってまちまちのようであるが、とにかくこれは豪快な喰い方で、是非一度味わってみたいものである。

# マハタ（真羽太）・クエ（九絵）の肝

ハタという魚は、おそらく今では最も高価で超高級魚といっても過言でない。ひと言で「ハタ」といっても、世界の暖海にはその仲間が三七〇種もいるというから複雑なのであるが、ここで述べるハタは日本近海にいるマハタ（真羽太）とクエ（九絵）のことである。いずれも太平洋では千葉県銚子以南、日本海では新潟県以南の暖かい海に分布しており、インド洋沿岸にまで広がっている。成魚は水深一〇〇メートル以深に棲み、魚類やエビ、カニなどを食べて生きている。以下では、ハタもクエも同じような魚で、料理法も酷似しているので、一般的に名の知られているクエの肝料理で述べることにする。

体全体が黒褐色で、体側に約七条《すじ》の濃い黒色の帯が縦に入っている。成魚はとにかく大きく、平均で体長一メートル、大きいものでは一・五メートルから二メートルに達するものもいる。高級魚として磯釣りの好対象となり、また底曳網《そこびきあみ》で漁獲される。肉は美しい白身で、刺身や洗《あら》い、煮つけ、鍋物などで料理されるが、いずれも食べた者に感動を与えるほどの美味さである。長崎県や佐賀県、福岡県などでは、この魚の人気は只者《ただもの》ではなく、祭りや祝い事などでは欠かせないほどの重要種である。

我が輩も、このハタやクエの料理は大好きで、九州に行くとときどき賞味している。とても高価なので、そう食べる機会は多くはないから、いざ賞味する時には心を落ちつかせ、瞑想などをしてしっかりと味わうことにしている。刺身や洗いはコリリ、コリリとして、あるいはシコリ、シコリとして、そこから絶妙無比の上品で優雅なうま味と甘みとが湧き出してくる。煮つけや鍋では、そのゴロリとした身を口に入れて噛むと、歯に潰されてホコホコと崩れ、そこからは濃厚なうま味がジュルジュルと湧き出てくるのである。

肉身がそのように美味であるので、当然他の部分も美味しく、この魚の場合は鰭《ひれ》、頭、尾、骨などの粗《あら》も鍋や汁ものとして利用してしまう。勿論、真子《まこ》（卵巣）や白子《しらこ》（精巣）、腸、胃袋、心臓、肝などの内臓も、食べないぞうなどと言わずすっかりと食べてしまう。

さてクエの肝の喰い方である。これにはさまざまな料理法があるので、ここでは美味しく食べられる代表的な食べ方を述べる。先ずはじめは「肝のゴマ油和え」で、これは実に美味い。とにかく大きな魚なので肝も大きく、適宜の大きさにぶつ切りにし、血を洗い流し、熱湯で二分ほど煮る。それを素早く氷水に移して締め、水気を拭き取ってから食べやすい大きさに切り分ける。器に盛り、ゴマ油を回しかけてから塩を振り込んで出来上りである。香ばしいゴマ油の滑らかなコクに肝の濃厚なコクとうま味が重なり、焼酎かウイスキーといったハードリカーや、辛口の日本酒の燗酒、ボディの張った酸味の強いワインなどによく合う肴となる。

刺身を肝醬油で食べる「クエの肝醬油」も絶品である。生肝をよく叩き、醬油と混ぜただけのタレに刺身をつけて食べる。これは、カワハギの刺身を肝ポン酢で食べるのに似ているが、クエの刺身はカワハギの身よりもぐっとうま味が強く、ちょうどフグとタイが合わさったような風格がある。そこに迫力のある肝のコクと濃厚なうま味が重なり、それを醬油のうまじょっぱみが囃《はや》すので絶妙なのである。

「クエの肝味噌」も美味しい。肝を湯がいて水分を拭き取り、刻んだネギと味噌と共に包丁で叩き、醬油をひとたらししてもう食べられる。とにかく早く簡単にできるのが嬉しく、馥郁《ふくいく》とした味噌のうまじょっぱみにネットリとした肝のコクとうま味が重なり、それをネギの快香と微かな辛みが囃すので、野趣満点の美味が味わえる。

「クエの肝鍋」は、クエの粗《あら》（胃袋、皮、中骨、鰭《ひれ》、頭など）を肝、長ネギ、白菜、春菊、シイタケなどと共にグツグツと煮て、紅葉おろしを添えたポン酢醬油でいただく鍋料理である。「アラの粗鍋」ともいうが、粗から美味しい出汁《だし》が出て、またゼラチンやコラーゲンもたっぷりと出てくるので、粗のそれぞれの部位も美味となり、そこに肝の脂からのペナペナとしたコクが絡みついて、そこにポン酢醬油のうま酢っぱみも参入して、収拾のつかない美味の混乱に陥るのである。

# カツオ（鰹）の肝

　カツオ（鰹）は日本人にとって極めて存在意義の深い重要魚種である。刺身やタタキ、煮物、焼き物、鰹節と、とにかくよく食べる。粗では、頭だけを煮たビンタ料理（鹿児島）や脂肪と筋《すじ》が集中した腹側《はらがわ》の塩焼き、腸《わた》と胃袋の煮つけ、心臓の串焼き、腸の塩辛である酒盗《しゅとう》などがあるが、肝についてはほとんど聞かない。ところがカツオ漁師の仲間たちや、カツオ専門料理屋では、肝は特有のやわらかい歯応えと濃厚な味を持っているため料理されることも少なくない。

「カツオのレバニラ炒め」は、牛や豚のレバニラ炒めに遜色なく、場合によって魚好きの人にとってはカツオのレバーを使った方が美味いという強者《つわもの》もいる。そのつくり方は、先ずレバー（一五〇グラム）をひと口サイズに切って、ひたひたになるように日本酒を加え、一時間ほど置いて血を抜く。血が抜けてきて赤く染まった日本酒は捨て、それに大サジ一の醤油を加え一〇分置く。ニラ（一把）とモヤシ（一〇〇グラム）は四〜五センチぐらいの長さにざく切り。フライパンに油を引いて温め、ペーパータオルで水気を取ったレバーを炒める。レバーに火が通ったらニラとモヤシ、合わせ調味料（醤油大サジ二、赤ワイン大サジ

一、砂糖小サジ一、オイスターソース大サジ一、ニンニクとショウガのすりおろし適宜）を加えて炒め合わせる。ニラとモヤシに火が通り、しんなりとしてきたら出来上りである。

見た目は何ら牛や豚のレバニラ炒めに変りなく、炒められたニラの快香がほのかに立ってくる。先ずレバーを箸で取って口に入れて噛むと、これまた牛豚の場合と大差なく、ホコリ、ペトリとして歯に潰され、そこからカツオ特有の濃厚なうま味がジュルリと出てきて、鼻孔からはニラの強く香ばしい健康的な快香が抜けてきて、その瞬間にほんの少し魚のにおいが感じられた。ところが、その微かなにおいこそが魚好きの心を妙に奮い立たせ、食の欲を勃隆《ぼつりゅう》とさせるのである。同時にニラもモヤシもレバーのうま味をたっぷりと吸い、絶佳《ぜっか》であった。我が輩はこのカツオのレバニラ炒めを温かい丼飯《どんぶりめし》にごっそりとのせて、「カツオのレバニラ丼《どん》」をつくって食べたところ、その美味しさはすさまじく、あっという間に丼は底をさらけ出す有様であった。

「カツオの肝の煮つけ」も美味い。カツオ専門料理屋でつくり方を聞いた。肝（四〇〇グラム）をひと口大に切り、熱湯を通してザルに上げておく。厚手の鍋に水と醤油（各カップ半分）、長ネギ（五センチ）、ショウガ（一かけをざっと叩く）、粉山椒（小サジ一）、酒（大サジ二）、砂糖（大サジ二）、ゴマ油（大サジ二）、味醂（大サジ一）、酢（大サジ一）を入れ、強火で煮立て、そこに肝を加え、再び煮立ったら蓋をして、弱めの中火で煮る。肝に照りが出るまでときどき鍋を揺すって炒り煮して出来上り。

我が輩は実際に、我が厨房「食魔亭」でつくって食べてみた。器に盛ってよく観察すると、肝はテカテカと光沢を放って照り、見ただけで口の中に涎《よだれ》が湧き出した。その一片を口に入れて噛むと、ポクポク、ホクホクとしてから歯に潰されてフワワ、ドロリ、トロリと変化していき、そこからはカツオの強烈なうま味がジュルジュルと流れ出てきて、そのうま汁で口の中は溢れんばかりとなった。我が輩は急いで芋焼酎のお湯割りを用意して、それの肴につくったのだけれど、カツオの肝だけでこんな嬉しい肴ができるとは思ってもいなかった。この「カツオのレバニラ炒め」と「カツオの肝の煮つけ」の二つの肝料理を実際につくって食べてみたが、結論的に言えば、カツオの肝は牛豚のそれと大きな違いはないことに気づき、カツオの肝の応用範囲は相当広いものだな、と思った。

## スズキ（鱸）の肝

スズキは成長に応じて名称が変るので俗に出世魚と言われている。東京湾の呼び方は小さいコッパから始まり、二五センチぐらいの一年魚をセイゴ、五〇センチぐらいの二〜三年魚をフッコ、六〇センチ以上一メートルもあるものをスズキと呼び、それ以上特別に大きいものはオオタロウという。定置網や地曳網《じびきあみ》で捕獲されるが、太公望《たいこうぼう》たちの釣りの対象魚としても人気が高い。白身で味は淡泊、夏が旬で刺身や洗い、塩焼き、ちり鍋、吸い物の実などに使われる。

この魚の肝も実に美味だというので料理法が多い。簡単なものでは「肝の塩麴《しおこうじ》焼き」。肝をよく洗ってからそれに塩麴を絡めてラップに包み、一夜冷蔵庫の中で寝かせてから翌日さっと洗って塩麴を取り除き、好みの大きさに切ってロースターで焼き上げれば出来上りである。牛のレバーよりとろっとしていて、食感は鶏の白レバーに似ているが味の方はずっとスズキの肝の方が濃厚である。

「スズキの肝丼《きもどん》」も美味しい。肝（二〇〇グラム）を水で洗って水気を拭き取り、塩（小サジ一）を振り込んでから全体が浸るぐらいの酒を加え三〇分ほど置く。肝をさっと水で洗ってから水気を拭き取り、鍋に入れた調味料（ダシ汁二〇〇ミリリットル、酒一〇〇ミリリットル、醬油大サジ一、味醂大サジ二）に入れて煮る。肝に火が通ったら、スプーンですくうようにして肝を崩さずに取り出し器に移す。丼に温かい飯《めし》を七分目ほど盛り、その上に肝をびっしりとのせ、煮汁を少し回しかけ、さらにその肝の上にみじんに刻んだネギを撒き散らし、完成である。

その肝丼の豪快さと野趣剝《む》き出しの迫力には誰もが圧倒される。肝はやや淡黄色の地に全体が煮汁に染まってべっ甲色となり、テカテカと光沢している。肝を一個箸で取って口に入れて噛むと、やさしくポクポクと歯に応え、さらに噛んでいくと肝がホコホコと崩れていき、そこから濃厚なうま汁がタラタラと流れ出てくる。すると肝はさらに崩壊していって、今度は唾液と混じり合いながらテレテレとなり、そのうちトロトロとなって顎下《がっか》に流れ去ってしまうのである。次に飯と肝を一緒に口に含んで食べると、今度は肝の幅広く奥の深いうま味に飯からの耽美《たんび》な甘みが絡み合い、絶妙である。そして何となく、ふわふわとやわらかい身の鰻丼ではあるまいか、などと錯覚してしまうほどなのである。

酒の肴には「スズキの肝煎り」が簡単で美味い。肝に塩をまんべんなくまぶして五分ほど置いておく。鍋に湯を沸かし、肝の塩をさっと洗ってから二〜三分ほど茹でる。それを軽く水洗いしてひと口大に切り分ける。鍋の煮汁（ダシ汁一〇〇ミリリットル、酒一〇〇ミリリットル、味醂五〇ミリリットル、砂糖大サジ一、醤油大サジ三、ショウガ薄切り三枚）に肝を入れ中火で煮汁が少なくなるまで煎り煮して、粉山椒を撒いて出来上りである。とても簡単にできるのだが、辛口の純米酒の熱燗に抜群によく合う肴となり、またこの料理を食べて気づいたのは、最後に撒いた粉山椒の香味がぐっと存在感を発揮して、何だか鰻の肝焼きを食べているような錯覚に陥ったのであった。

# ブリ（鰤）の肝

ブリも出世魚で成長段階で呼び名が変る。一五センチ以下をモジャコあるいはワカシ、四〇センチ前後をイナダあるいはメジロ、六〇センチ前後をワラサあるいはハマチ、それ以上のものがブリと呼ばれている。典型的な回遊魚で、カムチャツカ半島沖から台湾近海にかけて回遊する。日本近海、朝鮮半島沿岸、沿岸州南部沖が生息域である。成長すると体長一〜二メートル、体重約一八キロにもなり、定置網、刺網、巻網、曳《ひ》き縄、釣りなどで漁獲される。

厳冬期が最も脂肪が乗るので寒ブリとして珍重され、刺身、鮨種《すしだね》、塩焼き、照焼き、鍋などで賞味される。最近市場に出回るブリの八五パーセントは養殖物で占められているが、天然物に味で一歩譲ることは否めない。ブリを特に好むのは、北陸や中部以西の近畿、中国、四国、九州地方で、それ以北の地方は鮭を好むのも、ブリと鮭は回遊行進路が異なるからである。ブリが日本海の東北地方の津軽海あたりまで行くと、その途中に西北の季節風に襲われ、寒海に変るとあわてて南下して富山湾の氷見《ひみ》あたりに逃げ込む。ところがこの西岸は能登半島のつけ根であるので、回遊がはばまれると、行き場を失って定置網に迷い込み、大量に捕獲される。これが有名な氷見ブリなのである。

巨大魚であるブリは肝も大きく、昔からブリを多く食べる地域では「アンキモ」ならぬ「ブリキモ」と呼ぶほど人気の高い臓器なのである。以下にその料理法をいくつか述べるが、ブリに非常によく似たヒラマサ（体長一～二メートル、体重一五キロ前後）やカンパチ（体長約一・八～二メートル、体重二〇キロを超すものも少なくない）の肝もブリとほとんど同じなので、料理法も同じと考えてよろしい。

それでは先ず誰もが知っている「アンキモ」（アンコウの肝）と同じく、ブリの肝で「ブリキモ」をつくる方法を述べる。ブリの肝は大変大きいので、三つか四つに切り分ける。肝の表面には薄い膜があるのでこれを丁寧に除去し、ボウルに張った水に入れ、血抜きをする。ブリの肝には、血管が入り込んでいることが多いので、それを見つけたら小さな鋏《はさみ》で所々を切り込み、出てくる血液を指で軽く搾るようにして出していく。その後、肝の入ったボウルに水を流し続け、水の色に血の赤がなくなり無色透明になるまで流水を続ける。次にその血抜きした肝をザルにあけ、水気を拭き取って塩をなるべく多めに振り込み、三〇分置いておく。水で塩を洗い流し、水気を拭き取って醤油をまんべんなくかけ、五分置いてから今度は酒で醤油を洗い流し、水気を取ってやわらかい布巾でそっと包み、蒸し器に入れて二〇分ほど蒸し上げ、自然に冷まして出来上り。

そのブリキモを我が輩は実際につくってみたところ、料理屋で先付けで出されるアンキモと色も形も酷似していた。それを紅葉《もみじ》おろしを添えたポン酢につけて食べてみると、本当にアンキモそのもので、おそらくいくら舌の利く食通とて「これは美味いアンキモですなあ」なんて間違ってしまうこと請け合いである。とにかく、ヌットリとしたコクと奥の深いうま味は、肝の王道をいくアンキモに引けを取らない逸品であった。

「ブリ肝の甘辛煮」も酒の肴にうってつけである。今述べた「ブリキモ」をつくる時と同様に肝を処理して、今度は蒸さずに煮汁（ダシ汁二〇〇ミリリットル、酒一〇〇ミリリットル、味醂大サジ二、赤ワイン大サジ二、砂糖大サジ二、醬油大サジ三）で煮込み、煮汁がトロッとするまで煮て出来上り。見た目は街の焼き鳥屋の店頭で見られるレバーの串刺しに似ていて、食べると甘辛さがちょうどよく、好みによって七味唐辛子を振り込んで楽しむのも乙なものである。

「ブリ肝のガーリック焼き」は赤ワインにぴったりのつまみになる。「ブリキモ」をつくる時と同じように肝を処理し、フライパンにバター（大サジ一）とおろしニンニク（大サジ二）を入れてじっくりと炒め、そこにひと口大に切り分けた肝を投入してさらに炒め、途中で赤ワイン（大サジ一）を入れ、肝の中まで火が通ったら出来上りである。それではいただきましょうと、我が輩はワイングラスにたっぷりの赤ワインを注ぎ、先ずそれをグビリンコと飲み干す。するとワインは、我が輩の食道を超特急「はやぶさ」号の速度で通過していき、たちまち胃の腑《ふ》に辿り着くと、あっという間にその周辺の鳩尾《みぞおち》あたりをジュワワーンと熱く疼《うず》かせるのである。そこで、その肝のガーリック焼きを一個口に入れてやさしく噛むと、瞬時にバターで焼かれた香ばしいニンニクのにおいが鼻孔から抜けてきて、肝は歯に当たってポコホコ、ペトトトと潰れ、そこから肝特有の濃厚で奥の深いうま味がジュルジュル、ピュルピュルと湧き出してくるのであった。それをじっくりと味わい、トロトロとなった肝を顎下に呑み下し、そこでまた赤ワインをコピリンコ。ああ、ブリの肝だけでこんなに幸せになって、いいんでありましょうか。

「ブリキモ」がアンコウの肝に似ていることは、五島列島や玄界灘《げんかいなだ》あたりのブリ肝の喰い方がアンコウの肝の喰い方に符合していることでも整合性がある。それは「ブリキモの共《と》和《あ》え」という料理がこの地方にあるからで、潰したブリの肝にブリの刺身を和えて食べるものである。まさに「アンキモの共和え」と同じ方法だ。この料理に近いものが能登地方にもあり、それが「ブリの肝醬油和え」である。鍋に肝と水（一〇〇ミリリットル）、日本酒（五〇ミリリットル）を入れて煮、肝の中まで火が通ったら火を止め、すり鉢に肝を移す。そこにダシ汁（大サジ三）と醬油（五〇ミリリットル）を加えてからトロトロになるまで肝をよくすり潰し、これをつけダレの「肝醬油」とする。次に、大きめにつくったブリの刺身の表面を料理用バーナーでさっと火をくぐらせて炙《あぶ》り身とし、その身を肝醤油につけて食べるのである。

とにかくブリは美味しい魚なので肝も脂肪が乗って味がよく、その上、肝の大きさも魅力的であるため、これまで述べた料理以外にも「ブリ肝のカルパッチョ」や「ブリ肝のソテー」、「ブリ肝の酒蒸し」、「ブリ肝のアヒージョ」、「ブリの肝鍋」などさまざまあるのである。

## ハモ（鱧）の肝

ハモ（鱧）は日本の東北地方以南、西太平洋からインド洋の暖海に分布し、大陸棚の砂泥地に生息している。小魚にカニ、エビ、イカ、タコなどを食べ、春に北上して秋に南下する習性を持っている。多くは底曳網で捕獲され、ハモちり、蒲焼き、天麩羅、熱湯をくぐらせて梅肉醤油で食べるハモしゃぶなどがある。夏が旬で、関東よりも関西で多く賞味され、とりわけ天神祭や住吉祭といった大阪の夏祭りでのハモ料理や京都の祇園祭《ぎおんまつり》のハモ料理は有名で、共に「ハモ祭」と呼ばれるほどである。

小骨が多いため包丁目を入れてから調理するが、これを「ハモの骨切り」という。いかに細かく骨を切り、だがしかし身を切ってはいけないという繊細な技が要求されるので、この特殊技能を身につけるためには相当の修業が必要となってくるのである。大きいものでは二メートルを超すものがあるが、食味としては一メートル前後のものがよいとされている。

そのハモの肝（料理用に使われるハモ一匹の持つ平均肝量は約四〇グラムである）も多くの料理で珍重されることが多い。例えば「ハモの肝酢」は関西ではハモ料理には大概出てくるもので、塩茹でした肝をすり鉢ですり、薄口醤油と酢で味つけしたタレである。これにさっと湯をくぐらせたハモの切り身をつけて賞味するのであるが、淡泊なハモの味に濃厚な肝のうま味が重なり絶妙である。

「ハモの肝の時雨煮《しぐれに》」は、関西のハモ料理屋に行くと、突き出しによく供される肴である。ハモの肝（一五〇グラム）を熱湯で茹で、中まで火が入ったら金網ザルに取り、水気をよく切る。調味料（ダシ汁大サジ二、醤油大サジ三、日本酒大サジ二、赤ワイン大サジ一、味醂大サジ一、砂糖小サジ一）を鍋に入れて中火で二分ほど煮、そこに肝と刻みショウガ（小サジ一）を加えて弱火にし、煮汁がなくなる直前まで煎り煮して出来上りである。濃いめのべっ甲色に仕上ったその肝には光沢も出て美しく、それの小片を口に入れて食べると、ホクホクとした歯応えの中からクリーミーなコクを持った濃厚なうま味がじゅんわりと出てきて実に美味い。

関西に行くと「ハモ肝の溜煮《たまりに》」というのもある。つくり方は非常に簡単で、新鮮な肝（八〇グラム）に熱湯をかけてから水気を切る。ショウガ（一〇グラム）を皮をむいてから千切りにする。鍋に調味料（ダシ汁大サジ三、溜醤油小サジ四、日本酒大サジ二、砂糖大サジ一、味醂小サジ四）を入れ、そこに肝とショウガを加えて煮詰めて出来上りである。手軽な酒の肴として最適だ。

「ハモの肝鍋」は、ハモの肝、卵巣、浮き袋、胃などのいわゆる粗をダシ汁の中で湯煮し、それをポン酢醤油で賞味するものである。ハモの肝はフワワと、卵巣はツルルと、浮き袋と胃はコリリと歯に応え、その野趣味はすばらしい。また大阪の居酒屋や蕎麦料理屋の裏メニューとして知られるのが「ハモの肝の炭火焼き」である。これは肝を天丼や天重のタレでつけ焼きにしたもので、常連に言わせれば鰻の肝焼きより格段にハモ肝の方が美味だということである。その天丼のタレは、ダシ汁二〇〇ミリリットルに味醂大サジ三、砂糖大サジ一、醤油大サジ四を鍋に入れて火にかけ、煮立ってきたら火をやや弱め、八〜一〇分ほど煮つめてつくる。確かにハモの形は鰻に似ているが、肝はハモの方が巨大で、そして脂肪も乗り、コクもしっかりと存在感を示しているので、我が輩もハモ肝の方がずっと美味いだろうなと思うのである。

「ハモの肝炊き」も裏メニューとして常連客によく出されるものである。肝は薄い塩水につけて血抜きをし、血管があれば潰れないように指先で押して血管中の血を抜く。ステンレス製のバットに入れた調味液（ダシ汁大サジ二、日本酒大サジ三、醤油大サジ三、味醂大サジ一を合わせたもの）に肝が完全に浸るように漬け、それを蒸し器に入れて、一時間程度蒸して出来上りである。肝はかなり硬めに仕上り、ちょうどアンキモを固めたようなものになり、小さく切り分けて、酒の肴にすると酒はいくらでも進む。また「ハモ肝の塩焼き」も関西へ行くとよく出合う肴である。ハモの肝は胃袋に付随しているので、ハモを解体する時この両臓器を切り離さずに上手に取り出し、胃袋からは内容物を搾り出す。この肝と胃袋を金串に刺し、塩を振ってから炭火でこんがりと焼いたものである。この串焼きを食べた人は、鰻の肝より何十倍も美味いと口をそろえて絶賛するのであるが、実は我が輩も大阪、広島、博多で食べてみて、まったくその通りだと思った。

# タチウオ（太刀魚）の肝

ハモに似た魚で、ハモよりも大きく鋭い歯を持ったタチウオ（太刀魚）の肝も、ハモ同様に食べられている。よく知られているのが「タチウオの道具煮」というもので、タチウオの肝、胃袋、卵、白子、浮き袋といった内臓（道具ともいう）を一度日本酒に漬けてから醤油、味醂、砂糖で甘辛く煮つけ（この時シイタケを入れると一層うまくなる）、出来上ったものに粉山椒を振りかけて食べるのである。この道具煮での主役はやはり肝で、数人で食べる時、まっ先に箸をつけ、なくなってしまうのはいつも肝だということである。タチウオのよくとれる漁港近くの人たちは、「タチウオの肝の塩焼き」あるいは「柚《ゆう》（幽）庵《あん》焼き」で賞味することが多い。新鮮な肝を熱湯にくぐらせてから氷水に晒し、身を締めたのちに水分を拭き取り、串に刺して塩を振り、炭火でこんがりと焼き上げたのが塩焼き、醤油一と酒一と味醂一で合わせた調味液に柚子《ゆず》の皮少々を入れて、そこに肝を三〇分くらい漬けてから焼いたのが柚庵焼きである。この調味液で煮つけても美味しいが、これは柚庵煮である。

「タチ肝の潮汁《うしおじる》」は、鍋に昆布、酒、水を入れ、そこにタチウオの下処理の時に出た中骨を素焼きした焼骨を加え、さらにショウガの薄切りと長ネギの緑色の部分（葉）のぶつ切りを入れ、中火で二〇分ほど煮て出汁《だし》をとる。それを漉《こ》して別の鍋に移し、その澄まし汁へあらかじめ湯煮して中心まで火を通しておいた肝を入れて、再度温めて、最後に醬油を垂らして味を調え潮汁とする。吸い口は山椒の葉か柚子皮で、吸い口を使わない時には粉山椒か粉コショウを振り込むとよい。タチウオやハモといった大きくて長い魚は、移動する時に体をクネクネと動かして泳ぐので、骨は常に運動を強いられ、したがってそこには骨を支える筋肉をスムーズに動かす成分が蓄積されているという。そのため骨を煮出すと、アミノ酸やコラーゲン、ゼラチン、ペプチドなどの出汁の成分がどんどん出てきて美味になるということである。タチウオの骨を煮出してとった出汁で肝を喰うのであるから、その味は絶妙になるのである。

「タチ肝の佃煮《つくだに》」は、長く保存できる酒の肴、あるいは飯のおかずなので、便利なものである。肝に付属している浮き袋を切り離し、肝を熱湯に入れて臭みを取る。湯を切った後に肝を鍋に入れ、日本酒を加えて火にかける。酒が沸とうしてきたら、醬油、味噌、砂糖、ショウガの千切りを入れて弱火でじっくりと煮詰め、タレがとろりとしたところで全体を絡め和え、出来上りである。ちょうど鰻の肝の佃煮《つくだに》に似ているが、苦味やくど味もなく、とても食べやすい佃煮である。酒の肴としては日本酒の純米酒の熱燗あたりが似合いそうで、また温かい飯のおかずにしてもなかなかの佃煮である。ショウガの千切りがとてもいいアクセントになって食欲を増してくれる。我が輩は茶漬けや湯漬けがとても好きなので、ある時ご飯茶碗に熱い飯を七分目ほど盛り、その上にパラパラとほぐした「タチ肝の佃煮」をのせ、薬味にはおろしたワサビを添えて、上から熱茶をかけて食べてみた。和歌山市の加太《かだ》という波被《なみかぶ》りの地で民宿料理屋をしている漁師の知人が送ってくれた手づくりの佃煮である。我が輩はその佃煮の茶漬けを食べてみて、実に驚いたことがある。醤油ベースのタレで煮詰められたその佃煮は、真っ白い飯の上に散らばり、それが淡緑の茶に浸ると、その茶の色は一瞬にして琥珀《こはく》色に変化し、そして肝と飯とを啜《すす》り込んで噛むと、何とその肝はフワフワとして硬くはなく、舌の上にべったりとまといつくような食感となったのである。そして肝はしばらく舌の上をトロリトロリと移動しながら溶けていき、そのうちに固形状であった肝は、トロトロの液状となり、それが飯のひと粒ひと粒を包み込んで、実に幻術的妙味を味わったのである。レバーの茶漬けなどこれまで体験したことのなかった我が輩は、この茶漬けを通して肝の底力の一端も顧みることができたのである。

知人である和歌山のその漁師さんは、「タチの肝味噌」というものも教えてくれた。細かく叩いた肝と味噌をよく混ぜて、そこにネギのみじん切りとショウガの千切りを加え、少々の味醂で甘みをつけて全体をさらによく叩いて一様のペースト状にして出来上りである。その肝味噌を、魚の切り身に塗ってからアルミホイルに包み、それをホイル焼きすると、極めて香ばしく美味しく、そしてコクのある焼き魚をつくることができる。また、そのまま酒の肴やご飯のおかずにしてもよく、さらにこの肝味噌に魚の切り身を漬け込んで肝味噌漬けとしてから焼いて食べると、漬け込んだ魚は抜群の美味しさに変貌するということである。

## マダイ（真鯛）の肝

「一鱧《いちはも》二剝《にはぎ》三《さん》に鯛《たい》」という譬《たと》えがある。魚の肝の美味の席順だそうで、食聖北大路《きたおおじ》魯山人《ろさんじん》もこの三者の選択に異論はない、と言っている。ハモの肝もカワハギの肝の喰い方もすでに述べたので、これからは三大美味肝のうちのマダイ（真鯛）の肝の喰い方を述べよう。

我が輩がこれまで賞味してきたマダイの肝料理で、最も印象に残り、美味だったのは、簡単につくれる「タイの肝の味噌仕立て」であった。つまりタイの肝の味噌汁なのである。ただし、使う味噌は赤味噌であることだ。赤味噌とは、色が赤茶色または茶褐色のように濃い色の味噌で、仙台味噌、津軽味噌、秋田味噌、会津味噌、越後味噌、佐渡味噌あたりに代表されるものである。

その味噌汁の上にフワフワと漂う肝を、箸で崩さぬように寄せてきて、汁もろともに口に吸い込むのである。すると肝はピョロリと入ってくるから、あとは全ての雑念を払って、何も考えずにその肝の美味追求に大脳味覚受容体を集中させるのである。そうすると、その美味しさの感覚は極致まで達し、おのずと肝の持つ味の真髄や、蘊奥《うんのう》といったようなものがわかるのである。我が輩はその美味にしばし呆然《ぼうぜん》となり、我《われ》に返るのにやや時間がかかった。肝がトロリと溶ける淡い感覚は、絹の肌合いのようであり、やさしいコク味と優雅なうま味はまさに神味かと思わせられた。

「タイ肝の簡単煮」は、刺身用マダイの新鮮な肝（一個）を薄い塩水に漬けて血や汚れを取り、血管も外す。水気を拭いたら鍋に入れ、調味料（ダシ汁五〇ミリリットル、醬油大サジ二、砂糖大サジ二、味醂小サジ一）と共に中火で煮る。火はすぐに通るので、汁の味見をしながら絡め煮にして出来上りである。タイの肝の美味しさがストレートにわかる料理で、日本酒の肴にうってつけである。この料理は家庭でつくる簡易法であるが、これから述べる「タイの肝の煮つけ」は料亭や料理屋でもつくる玄人法である。肝（四〇〇グラム）は、薄い塩水に漬けて血抜きをする。血管があったら取り出し、途中塩水を何回か変えるとなおよい。鍋にたっぷりの湯を沸かし、沸とうしたら肝を湯に漬け、すぐに冷水に移してしばらく晒《さら》しておく。ネギの青葉（一〇センチ）の部分を極細に刻み、水に晒してから水気を搾っておく。ショウガ（薄切りを三〜四枚）をこまかく細く切って針ショウガをつくり、それを水に漬けておく。鍋に煮汁（醤油大サジ四、味醂大サジ四、日本酒一八〇ミリリットル、ダシ汁一八〇ミリリットル）を沸かし、沸とうしたら肝を入れて火を弱め、ネギとタカノツメ（半本）を加えて五分煮る。次にショウガを入れてさらに五分ほど煮て終了。器に小分けし、その上に刻みショウガを散らばす。

タイは白身であるので、その肝も幾分白を帯びた淡黄色である。これが煮汁に煮られて琥珀色に光沢した姿は実に美しい。そのひと口大の肝を一個口に入れて噛むと、表面の薄い膜のようなものが切れて、中からトロトロと濃厚な味の肝汁が流れ出てくる。その食感がとても妙で、またそこから出てくるクリーミーな感じのコクは、やはり日本酒の肴にピッタリだと思った。

「タイの身の揚げ焼き肝ソース和え」は焼酎の肴にピッタリである。タイの切り身（三〇〇グラム）をひと口大に切り、まんべんなく片栗粉をまぶし、それをフライパンに多めに入れたサラダ油で熱し、パリッとするまで揚げ焼きにする。よく血抜きした肝（五〇グラム）をボウルに入れ、そこに調味料（市販のめんつゆ大サジ三、味醂大サジ一、日本酒大サジ一、ショウガの搾り汁小サジ二）を加えよく混ぜ合わせ、肝タレとする。揚げ焼きした身をフライパンに残して揚げ油を捨て、その上から肝タレを回しかけて、ざっと混ぜ合わせてから蓋をして中火で一分ほど蒸し焼きにして出来上りである。

淡泊な味のタイの身に、揚げ油からのペナペナとしたコクと、肝からのクリーミーで濃厚なコクが絡まりつき、タイの料理とは思えないほどの迫力のある味が楽しめる。こういう油の効いた料理には、やはり焼酎が抜群に合う。その焼酎にも米焼酎、芋焼酎、麦焼酎、蕎麦焼酎、黒糖焼酎、粕取焼酎、泡盛などとさまざまあるが、この肴の場合にはどの焼酎にも合うことは間違いない。それも、できれば六：四のお湯割りなら文句はないであろう。

昔から伝承されてきたタイの肝料理の中で、とりわけ知られているのが「タイの肝の黄《こ》金《がね》焼き」である。血抜きした肝を調味料（酒大サジ三、醤油大サジ三、味醂大サジ三、ダシ汁大サジ二）に一五分ほど漬け、金串に打ち、遠火の強火、つまりあまり火を強くしない程度の火で焼き上げる。中まで火が通って仕上りが近くなったところで、溶いておいた卵黄をハケで塗り、再び火にかけて乾かす感じでまた焼き、これを三度ほど繰り返して出来上りである。

実際にこの肝の黄金焼きを我が厨房「食魔亭」でつくってみたところ、息を呑むほどの美しさにびっくり仰天してしまった。肝全体が黄金色というよりも快晴の秋の夕陽である茜《あかね》色に輝き、その天然美色の綺麗さに心打たれる思いであった。それを食べると、こってり、ぽっくらとしていて、口中に肝と卵黄の濃厚なコクがジュルジュルと流れ出してきて、これぞタイの肝の喰い方の絶頂ではあるまいかと思った。

「タイの肝と真子《まこ》の合わせ煮」も、飯のおかずや酒の肴に貴重な一品である。大体三〜四キロのマダイの肝（一尾分）と真子（ひと腹）を薄い塩水に入れ血抜きする。血管があったら串を使って洗い流しながら血を抜く。鍋に調味料（ダシ汁三〇〇ミリリットル、日本酒一〇〇ミリリットル、味醂大サジ二、醤油大サジ、ショウガの搾り汁小サジ一）を入れて火にかけ、沸とうしたら肝と真子を入れ、落とし蓋をして弱火で一〇分間煮る。火を止めてそのまま三〇分間置き、味を含ませてもう一度火を入れて味を見、不足と思われる調味料を加えて味を調え、火を止める。大きめの器に肝と真子を盛りつけ、最後に小口切りにした青ネギを撒いて出来上りである。

この肝と真子の取り合わせは誠に妙味のある発想である。実際食べてみると、肝のぬめりのあるやわらかな舌ざわりと、真子のポクポクとした歯ざわりが絶妙のコントラストを生み出し、そこから湧き出してくる濃厚なうま味と脂肪からのコク、それを調味料の甘辛味が包み込んで秀逸なおかずとなり肴になるのである。

「タイの肝醤油」はカワハギとハモでのそれと比べ、美味しさは同格とされている。そのため活魚専門の料理屋あたりに行くと、このタイの肝を用いた醤油ダレをよく出してくれる。先ず肝は必ず加熱することが美味しいタレをつくるコツで、生の肝を使うよりは甘みが増すと共に非常にまろやかに仕上り、その上、刺身への肝醤油ののり（絡み）も理想的になるのである。

先ず包丁の先でタイの生肝の二、三箇所に切れ目を入れ、それを薄い塩水に晒《さら》す。そして滲出《しんしゅつ》してきた血は塩水と共に捨て、また新しい塩水に晒してこれを三、四回繰り返すとほぼ血は抜ける。血抜きの際に血管などあったらそれを取り去る。次に沸とうした湯に血抜きした肝を入れ、一～二分ほど加熱する。よく「加温するとうま味が抜ける」などという人もいるが、それは物と場合によってのことであり、肝ではまったく逆で、熱を加えるとうま味と甘みが強くなるのである。この例はカニやエビでも見られ、生のカニの刺身やエビの刺身より茹でたカニやエビの方が俄然甘みやうま味が強くなることと同じなのである。

肝を湯引きしたらすぐに氷水に取り、締める。なぜ氷水に取るのかというと、肝の美味しさと重要に関係するコクの成分である肪《あぶら》を氷冷によって固め、うま味を閉じ込めるために行うのである。その締まった肝の水気を取ってから、俎板《まないた》の上にのせ、トロトロのペースト状になるまで包丁で叩き、その肝をタイの刺身の脇に小盛りにして添え、食べるのである。通常の肝醤油は、ペースト状になった肝に醤油を加えて混ぜ合わせたものをいうが、我が輩の経験ではここで醤油と混ぜ合わせない方がよいことに気づいたのである。つまり刺身の脇に添えた肝ペーストを刺身になすりつけるようにして、それを醤油にチョチョンとつけていただく。そうすることにより、肝ペーストを少量ずつ醤油に混ぜながら刺身が食べられ、その上、刺身と肝の真味《しんみ》を同時に賞味できるのである。

「タイの肝吸い」も人気がある。血抜きなど下ごしらえした肝を食べやすい大きさに切り、沸とうした淡い塩湯でさっと湯通しして臭みを抜く。鰹節と昆布とでとった出汁《だし》に醤油を加えて澄まし汁をつくり、煮立ったら肝を投入、全体に火が通ったら椀に肝と汁を取り、そこに三つ葉を数片浮かべていただく。あっさりとした汁の味わいの中に、肝がふわわと口に入ってから崩れ、そこから今度は濃厚なうま味とコクとがトロトロと湧き出してくる。この汁の淡泊さと肝の深い味わいのコントラストを大いに鑑賞できる食べ方である。

## サケ（鮭）とマス（鱒）の肝

サケ科の魚の分類は、魚種が多いのでなかなか多岐にわたる。シロザケ、ベニザケ、マスノスケ（キングサーモン）、カラフトマス、ギンザケ、タイセイヨウサケ、ニジマス、サクラマス、ヒメマス、ビワマスなど、とにかく枚挙にいとまがない。日本ではこの魚種の大半が食卓に上り、消費されているから、重要魚種となっている。日本近海のものは勿論、ロシア、カナダ、ノルウェー、南米のチリあたりからまで輸入されてどんどん日本へやってくる。近年は養殖ものも多く、比較的安価なものも出回ってくるので、一層食べられるようになった。海外ではこの魚種はフライやムニエル、バター焼き、缶詰などで食べるが、日本人は実に驚くべき食べ方を編み出し、さまざまな料理で賞味している。塩引き、素焼き、鍋料理、鮨種《すしだね》、昆布巻、粕漬《かすづけ》、味噌漬、麹漬、揚げものなど、とにかく多彩だ。いかにその料理芸が細かいかというと、例えば新潟県村上市に昔から伝承されてきたサケ料理には、一尾を材料にしただけで約三〇種あるといわれ、中には粗料理として氷頭生酢《ひずなます》や腸《ぬ》肝《た》煮、頭のスッポン煮、粗粕汁、皮煮、ホッペタ味噌、チュウ（胃袋）の塩辛、めふん（背わた）の塩辛、カゲ（鰓蓋《えらぶた》）のなます、白子煮、卵巣（筋子とイクラ）などがある。

これから述べる肝料理は、それらのサケ科の魚全てに共通することであるので、以下は一括して「サケの肝」として述べることにする。サケは大型魚であるので、肝もそれに比例して大きい。したがって、利用価値もあるというので、料理あるいは食べ方も多彩となっている。ただし、サケの流通の大半は塩引きにされた加工もので、生のサケは切り身にされてから魚売り場の店頭に置かれる程度だから、新鮮な生肝の入手はなかなか難しい。

そのような場合は、北海道や東北地方のサケ加工業者をネットを通して探しあて、相談すると、いとも簡単に分けてくれるところもある。それも格安の代金で、宅配便で送ってくれるから必要となったらその手もあるのだ。また東京の場合、旧築地市場の場外売り場（現存）や新しくできた豊洲市場の場外売り場のサケ専門店に行くと、どうせ廃棄するものなので大概の場合はただで分けてくれる。ただでもらうのも気が引けるという人は、その店頭で切り身を二つ三つ買い、「すみませんが内臓の肝を分けてくれませんか？」と言うと、江戸っ子の店主は、「この人は相当サケが好きな人だな。こういう人を大切にしなければならないな」と思ってどっさりと渡してくれるものなのである。このことは、サケの内臓の場合のみでなく、どんな魚介の内臓でも手に入れたければそのような方法をとると、難なく攻略できるものなのである。我が輩は、かつて魚の粗を喰う話を随筆調の『粗談義《あらだんぎ》――粗捨てる愚者、粗拾う賢者』（中公文庫）という本で世に出したが、その中にいかに新鮮な粗をただで手に入れるかの方法も書いている。

さて新鮮なサケの肝が手に入ったら、先ずは「サケ肝のショウガ煮」をつくってみよう。サケの肝臓（一尾分）を薄い塩水に一五分ほど漬けて血を抜き、血管なども外し、それを水洗いしてからひと口大に切る。鍋に沸かした湯に肝を入れて湯通しして生臭みを抜き、ザルに上げて湯切りをする。鍋にダシ汁二〇〇ミリリットル、日本酒五〇ミリリットル、味醂大サジ二、醤油大サジ二、辛口の白ワイン大サジ二、細切りショウガ二〇グラムを入れて火にかけ、煮立ったら肝を加えて蓋をし、さらに一〇分煮、煮汁が三分の一の量になるまで煮詰めて出来上りである。これまで述べた魚の肝煮とそう大差はないが、濃いめの琥珀色あるいは赤褐色の堂々たる仕上りは、さすがサケの肝だけのことはあると我が輩は思った。

我が輩の生まれた福島県の浜通り地方の相馬あたりに行くと「サケの肝味噌《きもみそ》」というのがある。木戸川《きどがわ》あたりに上がったサケを捕獲し生鮭から新鮮な肝を取り出し、それを薄い塩水に晒して肝全体が白っぽくなるまで血抜きをする。それをさらに丁寧に洗い、熱湯の中で完全に火が通るまで茹でる。それの水気を取ってからすり鉢に入れ、味噌、日本酒、味醂、すりおろしたショウガを加えて、すりこぎ棒でペースト状になるまですりおろし、出来上りである。そのまま飯《めし》のおかずにしたり、酒の肴にするが、田楽《でんがく》風に焼き豆腐やコンニャク、茹で大根などにつけて食べると、野趣をともなった妙味が味わえる。

「サケの刺身の醤油肝和え」は、血抜きした肝を軽く湯引きしてから、包丁で粗くみじん切りにして叩いた肝ソースを、醤油に溶かしながら刺身につけて食べる食法で、タイの身特有の上品な甘みに、肝の濃厚なうま味とコクがまとわりついて酒の肴に絶品である。

「タイ肝の擂《す》り流し」は、なかなか凝った古典料理である。肝をすり潰し、卵と片栗粉を入れ、すり混ぜて裏漉《うらご》しをし、さらにすり、これを適宜の量杓子《しゃくし》で取って出汁《だし》の効いた淡い醤油味の澄まし汁に流し入れる。上にふんわりと肝のすり身が浮き上るのを、椀に取っていただく。我が輩はこれも実際につくってみたところ、本当に美しい黄色い浮身が雲のようにふわふわと浮いてくるのを見て感動した。そのふわふわを汁と共に味わってみると、ふわふわは口の中で広がっていき、そこから肝と卵の奥の深いうま味が湧き出してくるのであった。

新潟県の村上市には三面川《みおもてがわ》が流れていて、古くからこの川に遡上《そじょう》するサケは村上藩の財源としても重要な役割を果してきた。そのためサケ漁は何百年にもわたって続けられてきて、当然それを調理するサケ料理は多岐に発展し、一尾のサケから三〇種を超す料理が出されるようになった。勿論サケは肉身のみならず頭や皮、内臓といった粗もとことん料理して食べてしまう。したがって村上は、北海道の石狩と並んで日本有数のサケ料理文化を持っている所なのである。

その村上の伝承サケ料理の中に「わたな汁」というのがある。「わたな」とはサケの内臓のうち肝臓のことをいう。味噌仕立ての汁の中にサケの肝と白子、ネギ、大根など入れて煮込んだ粗汁で、その主役が肝である。その理由は、肝を入れないと本当のサケのうま味が出ないといわれ、出汁の役割をも兼備える臓器として珍重されてきたのだという。味噌で煮込むことにより、生臭みはなくなり、トロリとする肝のうま味は何よりの口福《こうふく》だということである。

なお、サケ科の魚にはアニサキスという寄生虫（線虫）がいる場合が多いので、肉身を含めて内臓も生食は避けることである。一旦冷凍すればアニサキスは死滅するし、また調理の際加熱しても、またすり潰してもアニサキスは死滅する。

## アユ（鮎）の肝

アユ（鮎・香魚《こうぎょ》）はわが国の淡水魚を代表する一つで、料理のほか詩歌や句、絵画などの題材として古くから親しまれており、『万葉集』や『土佐日記』にも盛んに登場する。

またアユ釣りは初夏の風物詩となり、全国にアユの名所が点在している。アユの語源は古語の「アユル」（落ちる、川を降りる）にちなむといわれ、香魚と書くのは独特の芳香があるからである。これは餌の珪藻《けいそう》類（藻《も》）によるもので、養殖アユが香気《こうき》を欠き、脂《あぶら》が多いのは飼料の関係である。

アユは北海道から日本各地に分布しているが、沖縄と奄美《あまみ》地方のものはリュウキュウアユと呼ばれ、本州産のものとは分類上別亜種とされ、遺伝的にもやや異なる。初夏から夏が旬で、背ごし（刺身）、塩焼き、たで酢、アユ飯《めし》、飴煮などで賞味される。卵巣の塩辛である「うるか」、精巣の「白うるか」、そしてこれから述べる内臓を使った「苦《にが》うるか」は昔から酒肴や飯の菜として珍重されてきた。

アユの肝を食べる話の前に、アユの内臓について述べておかねばならない。アユを解剖すると、頭のすぐ後ろの鰓《えら》の脇に赤い色をした心臓があり、その心臓に付着するように赤く大きな肝臓がある。その肝臓のほんの一部分に胆嚢《たんのう》がついていて、この緑色の小さな部位のためにあの快い苦味が味わえるのである。その肝臓に沿って大きな胃袋があり、その手前が幽門垂《ゆうもんすい》、それに付着して脾臓《ひぞう》がある。その脾臓に連絡して長い腸が続き、その先は肛門となる。腎臓《じんぞう》は背骨に付着している。

したがってアユの肝臓は、さまざまな臓器と共に一括されて一般的には「アユの内臓（はらわた）」あるいは「アユの腸《わた》」と表現されている。そのため以下に記述するアユの肝とは、「アユの他の内臓を含む肝」と理解してほしい。

そのアユの肝を使った最も有名なものが「アユの苦うるか」あるいは「泥《どろ》うるか」である。そもそも「うるか」とは何かというと、「鱁鮧」や「魚腸」、「湿香」、「潤香」などと書き、アユの内臓を使った塩辛のことである。内臓のみでつくるのを「苦うるか」または

「渋うるか」、「泥うるか」といい、内臓に潰した肉身を入れて塩辛にしたのが「身うるか」、内臓に細切りにした身を混ぜてつくるのが「切りうるか」、卵巣のみを塩辛にしたのが「子うるか」または「真子《まこ》うるか」、精巣（白子《しらこ》）のみを塩辛にしたのが「白うるか」または「白子うるか」という。例えば「身うるか」をつくる場合は、鰭《ひれ》や鱗《うろこ》を取り、頭と尾鰭《おびれ》も切り取り、身と内臓だけを残す。それを骨ごと細かく切り、包丁で叩いてミンチ状にする。塩を加えてからさらにすり潰す。一日に四回ほどかき混ぜながら一週間ほど発酵させて出来上りとなる。

肝を含む内臓（腹わた）全体でつくるのが「苦うるか」または「泥うるか」である。腹わた一・五キロに塩を四五〇グラム加え、桶《おけ》に漬けて蓋をし、毎日かき混ぜて一〇～四〇日の間に食べることができる。特有の苦みは胆囊《たんのう》による。出来上ったものが泥のような状態と色を持つのでこの名がある。この塩辛はアユの有名な産地である茨城の久慈《くじ》川や岐阜の長良川、和歌山の熊野川、四国の四万十《しまんと》川、熊本の球磨《くま》川といったアユの獲れる場所での名物土産となっている。ひと壺（多くは陶器の壺のようなものに入っている）買ってきて、純米酒の熱燗あたりの肴にすると、たまったものではない。このうるかだけで五合の酒は軽くいける、といった強者《つわもの》もいるのだから、この肴の底力はすごい。

最近は日本国内の輸送力と技術向上で、例えば地方で早朝とれた魚は、航空便と宅配便を使うと、その日の夕方にはもう東京の料理屋の客の前に現われるというほどだから、驚くべき時代となった。そのためアユの季節になると、都内のデパートの食品売り場にも超新鮮なアユが並んでいる。口元から胸鰭《むなびれ》、尾鰭に至るまで薄黄色を帯びた流線型をしていて、すらりとし、ぬめりが多く透き通るような光沢があり、腹がしっかりし、目はクリクリと輝いていて、まるで生きているようなアユばかりである。このようなアユが手に入ったら、身の方は背ごし（刺身）にし、その時に出た内臓は自分で「苦うるかもどき」をつくってみるのもよい。勿論、本場の生でつくるものではないから発酵もせず、塩辛ではないのだけれど、子供でも誰でも食べられるし、せっかくの内臓を食べないぞう、なんて言わないでいただくべきである。

そのつくり方は、アユの内臓（二〜三尾分）を小鍋に取り、そこに味噌（小サジ一）、砂糖（大サジ一）、溶いた鶏卵（全卵一個）を加え、弱火で箸でグルグルと混ぜ続ける。全体がポロポロとそぼろ状になり、火が通ったら出来上りである。「アユの苦うるかもどき」であるので、本物の風味とはまるで違うが、全体がポクポクとしていて、生臭みなどまったくない。我が輩もつくってみたが、ひと口で言えば「甘うまじょっぱくやや苦い」ということになった。酒の肴よりもご飯のおかずに向いていて、初めて食べる人に「これは一体何でしょうか？」と聞いてみたら、おそらく一〇〇〇人中の九五〇人くらいの答えは外れるかも知れない。

「うるか」のことを「暁川《あけのかわ》」と雅称することがある。未明の川で獲ったアユの腹わたを良質とする呼び方で、その理由は、アユは夜は採食せず昼間に採った川藻の中に混入していた土砂や汚物を夜のうちに吐き出すから暁《あかつき》の川の獲物は腹わたが清浄だとの意からの命名だという。粋《すい》でござんすね。

長良川流域では、極上のうるかには必ず若アユを使うことを鉄則としていて、中でもその若アユの「苦うるか」は絶品である。うるかの良し悪し、すなわち品質は、アユの成長度、川の水質、獲れた場所、獲れた月、獲れた日の天候が大きく影響してくるともいわれている。若アユであること、川の水は晴天続きで濁っておらず、美麗な川藻の生えている場所であること、そして時期は五月中旬から六月までのものが絶佳《ぜっか》だということだ。

「うるか」の歴史は古く、奈良時代初期の『播磨国風土記《はりまのくにふどき》』にはすでに「宇留加」の名が登場しているが、多く文献に出てくるようになったのは室町時代に入ってからである。当時の古文書を見ると、今と同様、基本的にはアユの腹わたに二五〜三〇パーセントほどの塩を加えて発酵、熟成させた塩辛である。一種の保存食で、質素な日本人の食卓にあって貴重な副食でもあった。

我が輩の数多いアユ食で思うのは、アユの一番美味なところは背の上部、ことに頭に近いところにブヨヨンとした感じで脂肪の集積部があり、その脂肪の下側にごっそりと腹わたが連なっていて、つまりその脂肪と腹わたの集合したあたりが一番美味しい箇所だと思っている。身の淡泊なうま味と脂肪のコク、そして微かな苦みが天然美食の域をつくっているのだ。

　また、うるかをずいぶんと酒の肴にして楽しんできた我が輩のうるか食味論はこうだ。うるかには、特有の芳香と舌を巻き込むようなコク味、そして味わい深い複雑な妙味がある。それらの風味をよく観察すると、そこにはまさに調和のとれた「五味《ごみ》」があると思うのである。わずかに甘く、かなり苦く、幾分渋く、ちょっぴりしょっぱく、そしてとてもうま味がある。甘《カン》・苦《ク》・渋《ジュウ》・鹹《カン》・旨《シ》。すなわちこれ五つ味である。

　谷崎潤一郎の小説『瘋癲老人日記《ふうてんろうじんにっき》』の一節に、老夫婦のアユの腹わたを交えたほほえましい文章がある。「『コヽニ鮎ノ腸《わた》モ取ツトキマシタヨ』ト、婆サンガ云フ。婆サンハ焼鮎ノ骨ヲ綺麗ニ抜クノガ得意ナノデアル。彼女ハ頭ト骨ト尾トヲ皿ノ一方ニ片寄セテ、身ヲ一片モ残サズニ猫ガ舐メタヤウニ食ベル。ソシテ予ノタメニ腸ダケヲ残シテオクノガ習慣ニナツテヰル」。よほど主人はアユの腹わたが大好きで、それを知っている夫人の心暖まる仕草が、二人の朗らかな愛情をよく描写している文だ。

# イカ（烏賊）の肝

地球上の民族で、国民一人当たりが一年中に食べるイカの量は日本人が断然第一位である。周囲を海に囲まれた日本にはスルメイカ、アカイカ、ヤリイカ、ケンサキイカ、モンゴウイカ、アオリイカ、ソデイカ、コブシメ、ホタルイカなど多くの種類が近海にいるので、漁獲量も多い。

さてイカの肝臓であるが、イカを解剖するために胴体を裂くと、最初に目につく一番大きな臓器が肝臓である。別名「コロ」ともいわれ、白銀色の薄い膜に包まれて、ポッテリと長く横たわっている。イカの肝臓はエネルギーの貯蔵庫であるので、大きくないと役立たないのである。膜の中には、黄金色のドロドロとした肝液が詰まっていて、この肝を搾り出し、さまざまな美味しい料理をつくることができる。

イカの肝には二種あり、一方はいわゆる「腸《わた》」、他方は「墨袋」である。イカの場合、腸は肝臓に当たる部分で、陸生動物ならばさしずめレバーであり、フォアグラにもなるところである。どんな動物でも、河豚《ふぐ》のような毒のあるものは別として、肝臓は一番美味な部分であるから、イカも例外でなく美味い。うま味やコク味からいえば、イカは肉部よりも肝の方が圧倒的に味が濃い。

　イカの腸の主成分はタンパク質と脂肪、グリコーゲン、アミノ酸、ペプチドなどで、いずれもうま味とコク味の成分である。ほかにタウリン、ビタミン群、無機質といった強肝性機能を持った特殊成分が多いのも特徴で、老化制御に関係するといわれるエイコサペンタエン酸や善玉コレステロールなども豊富に入っていることがわかっている。だから、イカの腸を捨てるなどということは、いっそう愚者に近づくことになるわけである。

　一方、とても小さい肝である墨袋または墨腸の方は「墨汁嚢《ぼくじゅうのう》」という器官で、あの真っ黒な墨汁の正体はメラニンという色素の微粒子である。こちらの墨汁の方も味はよいので沖縄では「イカの墨汁」をつくったり、また全国的に「イカ墨パスタ」などという真っ黒い料理もある。

　イカ腸の代表的料理は塩辛である。その基本的なつくり方は、ごく新鮮なイカを用意し、腸を傷つけないように袋ごとコロリと取り出す。足に付随していたところから切り離し、パラパラと塩を振って一時間ほど置いておき、足の方は目と口とを取り除き、またイボイボの吸盤も指でしごき取り、適宜の大きさに切っておく。頭とも耳とも呼ばれる鰭《ひれ》の部分も適当の大きさに切っておく。

　胴は開いてよく洗い、皮をむいてからザルに広げて塩をパラパラと振り一時間放置して自然に水気を切ってから、縦に三等分する。さらにそれを横から細く切って、容器にイカの胴と足と鰭を入れ、腸袋を手でしごきながら肝汁《たんじゅう》を搾り出し、塩を加えてよくかき混ぜる。塩の量は下ごしらえの分も含めてイカ四キロに対して七〇〜一〇〇グラムが目安で、それは好みによって決めてよい。

漬け込んで二、三日目のものを食べて、その風味の新しさを楽しむ人もいる。できれば塩をやや多めにして漬け込み、冷暗所に一ヵ月以上置いて発酵させた塩辛は、とても熟《な》れた味がして風格があり、古酒あたりの肴にすると絶妙である。

イカ腸を使った結構な肴をついでに教授しておくと、腸を白ワインと味醂と醤油と酒で配合したタレに漬け、一日寝かすのである。各々の配合は個人の好みに任せるが、この時、ニンニクの薄切りも加えておくとさらによい。この腸をタレから取り出し、バターの小片をいくつか添えてからアルミホイルに包んで直火《じかび》で焼くのである。弱火でじっくりと焼き上げると、腸はそのうちに固まってくるから、頃合いをみてアルミホイルから取り出し、輪切りにし、酒の肴とするわけである。

味の濃厚なこととコク味のすごいことは請け合いで、その上、奥味の優秀さは特筆すべきもので、味わう者に感動を与える。酒の肴だけでなく、スライスしたパンにバターのように塗って賞味しても飛び上がるほど美味い。

このようなイカの腸を使った塩辛は「赤造り」ともいうが、これに墨袋の中の墨汁を加えたのが「墨造り」である。

その正統なつくり方は、赤造りの方法にならって新鮮なマイカ、またはスルメイカ二ハイを用意し、腸を破らないように取り出し、胴は開いてから縦に二枚に切り、横に細切りにして水気を切る。足や鰭《ひれ》も赤造りと同じにして切っておき、これらを仕込み容器に入れてから、取り出した腸一パイ分と墨袋二ハイ分を、それぞれ袋から手で搾り出してイカと混ぜ合わせる。これに好みの量の塩と味醂大サジ二を加え、冷暗所で一週間ほど置いて出来上りとする。長期間発酵させる時は塩分を多めにすることが肝腎《かんじん》である。

イカの墨の料理といえば、我が輩が最も好むものに沖縄県の「イカの墨汁」がある。沖縄ではこの汁を「下げ薬」といって整腸剤とするほか、産後の回復とのぼせ、肩こりに効く料理として重宝している。そのつくり方は、イカは包丁を使わずに身から足と腸とを抜き取るのだが、その際、墨袋を破らないように注意して行う。足の吸盤のイボは包丁の刃先でこそぎ取り、身は洗って短冊切りにし、別につくっておいた塩味のイカ汁（刺身大に切り分けたイカを薄い塩味で煮たもの）にその墨汁を入れ、一煮して出来上りである。墨をたっぷり入れるほど美味であるが、この墨汁を沢山食べた翌日、トイレに行って大きい方をいたすと、真っ黒のウンコが出てくるから、気の弱い人はそれを見て卒倒しないことだ。

「イカ腸のホイル焼き」も大層美味である。この料理は身は刺身などにして、余ったゲソ（足）を美味しく食べる妙法である。アルミホイルに適当な大きさに切ったゲソを入れ、それに肝を手でしごき入れ、塩少々と酒少々を振り入れ、オーブントースターで蒸し焼きにするのである。濃厚でコクのあるこってりとした肝の味がゲソに絡みついて、そのあまりの美味しさに箸を置く暇《いとま》もない。

青森県の郷土料理に「イカの鉄砲焼き」というのがある。この料理に似たものに「イカのポンポン焼き」というのもあるが、この二つの料理はほとんど同じで、鉄砲焼きが元祖、それから派生したのがポンポン焼である。つくり方は、まずイカ（一パイ）の肝を上手に抜き取り、ゲソは切り取ってから吸盤をぬれた布巾でこそげ落とし、細かく切る。ボウルに刻んだネギと柚子《ゆず》の皮を入れ、そこに肝を手でドロドロ搾り出し、さらにそこに味噌（大サジ二）を加え、それらをよく混ぜて和《あ》える。この具を空洞になったイカに詰め込み、胴の口を楊枝《ようじ》でとめてから網焼きにする。フライパンで焼いてもよく、焼き目がついてポンポンに膨《ふく》らんだら出来上りである。なぜパンパンに膨れるかというと、中に詰めた具から水蒸気が発生し、イカの胴内に溜まるからである。そのため、焼き過ぎると破裂することがあるから注意が必要である。そのイカを輪切りにして食べるのである。

この「イカの鉄砲焼き」あるいは「イカのポンポン焼き」はとてもダイナミックな美味

しさを持っている。輪切りにしたイカの一個を口の中に入れて噛むと、イカは歯に応えてポクリ、コキリ、シコリとし、そこからイカ特有のうま味と甘みが出てきて、次に具から肝の濃厚なうま味と奥の深いコクとが、またそれに味噌のうまじょっぱみなどが絡まって、酒の肴でも飯のおかずにも最適である。

イカの肝を使った料理はほかにも多数ある。「イカの肝のソースパスタ」は、肝ソース（肝にニンニク、アンチョビ、唐辛子、白ワイン、トマトピューレを加えてつくった濃厚なソース）をスパゲッティにかけたもので、赤ワインの肴にも合うパスタである。また「イカ肝ソテー」は、肝でフォアグラ感のある高級ソテーになり、ほかに「長ネギとエノキのイカ肝炒め」や「インゲンとイカ肝の醤油炒め」などはご飯のおかずに最適である。

最近、函館や小樽、青森、八戸といった北のイカ豊漁港近くの居酒屋に入ると、必ずといっていいほど「先付け」に出してくれるのが「イカ肝の醤油漬け」である。これは日本海の肴に見事に合った名品で、多くの人が捨ててしまうイカの腸がこんなに美味しい肴になるのだから、これはイカならではの肝の実力と底力であろう。あまりに美味なので、そのつくり方を述べておく。

先ず、イカの胴の中に指を入れ、胴と肝がくっついている部分を外し、胴から肝と足を引き出す。この場合、肝袋を潰さないよう細心の注意を払うこと。その肝袋から墨袋を指ではがすが、この時も袋を破ると肝袋まで真っ黒になるので注意する。次に、肝にたっぷりと塩を振り、一時間寝かせる。この時、水が出るので、塩を振った肝をキッチンペーパーに包んでから皿の上に置いておくとよい。その肝を水で軽く洗って塩を落とし、水を切ってからタッパ（容器）に移す。そこに肝がひたひたになるぐらい醤油を加え、冷蔵庫で三〜四日寝かせて出来上りである。醤油から取り出すと、やわらかい棒状に固まるので、それを切り分けて食べる。使い終わった醤油は肝のうま味が移って魚醤《ぎょしょう》のようになり、また生臭みもないのでさまざまな料理に使えるから捨てない。

さてその切り分けたコロコロとしたイカ腸の醤油漬けは、あれほどうま味のあるイカ肝がそのまま固まって凝縮されたのであるから、そのうま味の濃さといったらすさまじい。箸の先でちょいと肝を取って口に入れただけで、ブワーンと音を立てて口腔内に拡散していくほどである。その濃厚なうま味と重厚なコクをチョビ、チョビと舐《な》めながら熱燗をチビリ、チビリと飲《や》るなんざぁ、天下取りになった気分で酔えるのである。

イカの肝とバターが実に合うことを我が輩が初めて知ったのは、朝食にパンを食べる時だった。前の日の夕食にイカの刺身を造って食べた時、肝を取っておいて冷蔵庫にしまっておいたのを思い出し、溶かしたバターにイカ肝を練り合わせ、焼いたパンに塗って食べてみたところ、まさに、これぞ魔性のうま味ではないのかと思うほど美味であった。そもそも我が輩は、朝食にパンを喰うなどというのは一〇年に一回ぐらいのもので、毎朝、ご飯に納豆と味噌汁ばかりでは飽きるので、ご飯に目刺《めざし》（イワシの丸干し）、ご飯に塩引き鮭、ご飯に佃煮《つくだに》なんていうのばかりを食べているのである。ところが、まったくたまたま何年かぶりにパンを朝食にした時の、イカの肝とのめぐり合わせであったのだ。偶然というのはこういうもので、それからというもの、イカの肝とバターをパンに塗って食べることは、かなり多くなった。

イカの肝とバターといえば、「イカ肝バター醬油」という超美味のレシピが少し前からあちこちで登場しており、我が輩もそれをつくって食べてみたが、実に美味しいのである。材料はイカ（スルメイカでもヤリイカでも何でもいい）を二ハイ用意する。下処理の済んだイカを食べやすい大きさに切り、肝は破らないように取り出す。身とゲソは日本酒にさっとくぐらせる。フライパンにゴマ油（大サジ一）、ニンニク（みじん切り一片）、赤唐辛子（輪切り半本）を入れ、弱火にかける。ニンニクの香りが立ってきたら、水気を拭いたイカを入れ、中火でさっと炒める。イカがやや固まって半生状態を超えたあたりで一旦フライパンから具を取り出す。そのフライパンにイカの肝を入れ、潰すようにして炒める。そこに醬油（大サジ三）、バター（三五グラム）を加え、バターが溶け終えたら取り出していた具をそこに戻し、さっと炒めて火を止め、器に盛ってから黒コショウを振って出来上り。

この肝料理は、味が濃厚で実に美味い。イカの一片を箸でつまみ上げてよく見ると、イカにはびっとりと肝が絡みついていて、それを口に入れて噛むと、とたんにニンニクと醤油、バターの火で炒められた香ばしいにおいが鼻孔から抜けてきた。そして口の中では、イカのポクポクした歯応えの中から、甘みとうま味が出てきて、そこに肝の濃厚なうま味が被《かぶ》さって、さらにバターの奥の深い濃醇なコクがトロリ、ジュルリと絡みついてきて、美味の極致を味わえた。それらを唐辛子とニンニクの辛味が囃《はや》すものだから、たまらない。ご飯のおかずにも酒の肴にも誠にもってよく合う一品であった。なお、この料理をする時に、いま一つの具としてジャガイモを加えるのもすばらしい食べ方である。

実は、ジャガイモとイカの肝の塩辛の相性は今でも北海道に行くと普通に見られ、頻繁に食卓や酒席に出されてくる取り合わせなのである。皮をむいたジャガイモを茹で、その熱々のイモの上にバターと肝の入ったイカの塩辛をのせて食べるのである。我が輩は札幌にも仕事場を持っているのでこれを食べる機会は多いのであるが、酒の肴というよりはおやつのようにして食べることの方が好きだ。ポクポクとしたジャガイモの甘みに塩辛のうまじょっぱみ、そこにバターのコクが絡みついて、なかなかのものである。

その北海道には「イカ肝ルイベ」という一大珍味がある。「ルイベ」とはアイヌ語で「溶ける食物」の意で、鮭などの魚を凍ったまま薄切りにして、ワサビ醤油などで溶けかけを食べるものである。この「イカ肝ルイベ」も、イカの胴体に肝を詰め、凍らせたものを半解凍の状態で食べるという、何となくファンタジー感のある食べものである。

そのつくり方は先ず、漬け汁をつくるところから始まる。酒大サジ一、味醂大サジ一、醬油大サジ一、ショウガの搾り汁小サジ一を小鍋に入れてひと煮立ちさせてから冷やしておく。イカ（スルメイカ）の胴から、肝と足とを上手に引っぱり出してから肝と足を切り離す。肝についている墨袋を潰さないように、そっと引っぱって取り外す。肝（コロ）の水分をペーパータオルで拭き取って、表面に軽く塩をして少し置き、また水が出たら拭き取る。その肝を漬け汁に浸し、三〇分置く。イカは頭部と胴を切り離し、胴の薄皮を剝ぎ取り、肝を一周で巻ける大きさに切る。漬け汁から肝を取り出して汁気を拭き取り、胴でクルクルと巻く。それをラップにきれいにくるみ、冷凍庫で凍らせる。完全に凍ったら、厚さ七〜八ミリに輪切りにし、皿に盛る。薬味は好みによってショウガの千切り、七味唐辛子、レモンの輪切りなどを添える。

その出来上りを見ると、実に酒が欲しくなる。まっ白いイカの胴に巻き込まれた黄褐色の肝。たまには焼酎でいくかと、薩摩の芋焼酎に湯を足して六四《ろくよん》で割って、先ずそれをグビーと飲《や》る。焼酎は我が輩の食道をすごいスピードで流下し、あっという間に胃の腑《ふ》に達すると、そのあたりをジュワワーンと熱くした。そこでイカ肝ルイベを一個箸で取って口に入れて噛んだ。するとイカの身がコリリ、コリリと歯に応え、同時にイカに包まれていた肝がドロリ、トロロと出てきて、しばらく噛んでいくと、イカの身からの甘み、肝からの濃いうま味とコクが口の中で絡み合い、融合して収拾のつかないほどの美味の混乱状態に陥った。それをゴクリンコと呑み込んで、再び焼酎をグビリンコした。何と至福の時なのであろうか。たかが生のイカの身で、肝を巻いたその輪切り一個を口にして、これだけ感動できる我が輩って、感受性が強過ぎるのかなあ。

イカ肝料理の中で、異色と思われるのが、シャブシャブ風でイカと肝を味わう「イカの肝鍋」である。イカの胴体から肝を抜き出し、胴体はイカリング状に輪切りにし、エンペラ（頭の方）と足（イボイボの吸盤は手でしごき落とす）は適当にザク切りにする。肝は醤油と酒と味醂の同量混合液にしばらく浸しておく。次に、鍋に通常の味噌汁をつくる。出汁《だし》を張り、具はネギの斜切りのみでよい。その汁に下味をつけた肝を手でしごいて溶き入れる。その肝鍋を火にかけ、熱くなったら切り分けたイカを汁にシャブシャブの要領でつけて食べるのである。決してイカを煮過ぎてはいけない。硬くなってうま味が閉じ込められてしまうからで、あくまでレアの状態で食べるのである。さっとくぐらせる程度でよい。そのイカを口に入れて噛むと、コキリ、コキリとし、そこからイカの甘みが出てきて、肝と味噌とのうまじょっぱみとコクが被《かぶ》さって実に美味い。そして、イカがなくなったら、その鍋にご飯を入れて煮込み、「イカ肝雑炊《ぞうすい》」とすると、これまたたまらないほどの美味しさで、本当に頰っぺたが落ちるのではないかと心配するほどである。

我が輩が好きな、そして粋な酒肴は「イカ腸の塩辛の石焼き」である。河原に行って、大人の握り拳《こぶし》ぐらいの川石を拾ってくる。その石を束子《たわし》でゴシゴシと洗ったり磨いたりしてからよく拭いておく。大きめの皿の中央に塩を厚めに敷きつめておく。石をカンカンと熾《おこ》った炭火の上かガス火の炎の上で三〇分ほど焼く。灼熱の石となり、火から下ろしても一時間もの間、ほとんど冷めない。その石を、火を摑《つか》める金鋏《かなばさみ》を使って皿の塩の上に置く。つまり塩の役割は、皿の上で石を安定させるマットレスであり、また皿へ石の灼熱が伝わらないための断熱剤である。そしてイカの腸でつくった塩辛をその石の上で焼きながら、それを肴に熱燗なぞを楽しむのである。焼いている時に塩辛から出てくる焼き香といったらたまらない。もう、そのにおいだけで酒の肴になるのではあるまいか、なんて思ったりするのである。その焼かれて香ばしくなったイカ腸の塩辛の風情といったら、比べるものがないほどの趣がある。粋には、こういう酒と肴の楽しみ方もあるのだ。

また石川県の能登半島には、イカの肝を原料とした「いしる」という発酵調味料の魚醬があり、さまざまな料理の味付けに使われている。

なおサケ（鮭）やマス（鱒）科の肝のところでも触れたが、イカの肝にもアニサキスが寄生していることがある。そのためイカの肝料理も肝は必ず一度冷凍するか、加熱料理することが大切だ。

## タコ（蛸）の肝

タコ（蛸）にはマダコやテナガダコ、ミズダコ、イイダコなどがあるが、タコといえば大体はマダコをさすほど我が国では多くとれ、多く食べられているので、このタコの肝の食べ方を述べることにする。非常に美味しく、全長六〇センチ、体重五キロにもなる。東北地方以南の沿岸域に広く生息し、特に瀬戸内海の明石沖で漁獲されるものは「明石蛸《あかしだこ》」と呼ばれ、市場価格も高い。

タコ類は世界で約二五〇種、日本近海では六〇種ほど知られているが、食用となるのは約一〇種類に過ぎない。一見頭のように見える丸い袋は胴で、この中に肝臓を含む内臓が収まっている。その胴の先端に精巣があり、その両脇に鰓《えら》心臓とそれに付属する心臓がある。心臓の隣下は胃袋で、その下にチョコレート色をした大きな臓器があり、それが肝臓である。足とのつけ根には眼球が左右に二個ついている。

そのタコの肝臓には濃いうま味成分のタウリン（アミノ酸の一種）がとても多く含まれているので、当然タコの肝は美味臓器として知られ、多くの料理を生んでいる。また、最近の研究では、このタウリンを含む肝の成分には、驚くべき保健的機能性を持ったものがあり、中でも疲労回復、コレステロールの減少、心臓や自律神経機能の改善などは、大いに注目されている効能なのである。

タコの肝は、軽く湯がいてからワサビ醤油かポン酢で賞味できるし、肝と味噌を合わせたものにみじん切りにした長ネギや刻みショウガを加え、煮込んだものなどは、美味タレとしていろいろなものにつけて食べることができ、その美味しさに驚かぬ者はいない。多くの日本人が肝といえばイカの方が美味で、それに比べればタコの肝など外道だと思っている人も少なくないが、それは間違いで、イカの肝と比べてもうま味や味に遜色はないのである。

タコの胴体から肝臓を取り出す方法から先ず見てみよう。活《い》きのいい生ダコの頭袋をめくり上げ、太い筋によって胴体部と繋がっている内臓部を切り離す。その内臓部の中から肝袋を割らないように注意しながら切り離して取り出す。この時、注意しなければならないのはイカの場合と同じで肝臓に付着している墨袋を潰さないようにすることである。なにせタコは、イカに比べて多量の墨を吐き出すので、墨袋も大きい。また、内臓の中に黒っぽくてそう大きくない「苦玉」と呼ばれる器官があるが、それが胆嚢《たんのう》であるから、これには触れないで肝だけを取り出す。苦玉が潰れると全体が苦くなってしまうからである。

こうして取り出した肝を使って、さまざまな料理ができるのである。先ずは「タコ頭の肝汁煮」である。内臓を取り出して空洞になった頭（胴）は大き過ぎるので半分に裂き、片方は刺身か煮物にし、あとの片方を軽く湯通ししてからひと口サイズに切る。フライパンに醤油と酒と味醂を等量混合した煮汁を入れ、中火で沸とうさせる。そこに切り分けた頭を投入して火を弱め、ショウガの千切りを加え、さらに肝袋から肝液を搾り出して全部加え、そこに一味唐辛子を振り込んで軽く混ぜ、五分ほど煮込んで出来上りである。

その肝煮汁を丼《どんぶり》に移してじっくりと見ると、汁は全体が黄褐色でトロトロとしており、その中にタコの頭の切り身がゴロゴロと入っている。その一片を煮汁と共にスプーンですくい取り、口に入れて噛むと、コリコリ、シコシコとして微かな甘みが出てきて、それを肝煮汁の濃厚なうま味が包み込み、絶妙であった。また、この肝煮汁をご飯にぶっかけるようにして食べたところ、その美味しさは何倍にも増幅されたような感じとなって、三杯もの飯が胃袋にすっ飛んで入っていった。

イカの塩辛があるからタコの塩辛ができないはずはないと思い、実際につくってみたことがある。見た感じはとてもすばらしい塩辛になったが、実際に食べてみると、うま味はイカの塩辛に引けはとらないが、においにかなりクセがあるように思った。このあたりが、タコの塩辛はイカの塩辛ほど普及しない理由かなあとも思った。ところが、これは生で食べる肝の場合であって、一度ボイルしたあと、醤油かポン酢にチョンチョンとつけて食べると、臭みもなく、タコの肝本来の美味さがわかった。また、実際に北欧のあるレストランでは、オリーブオイルでタマネギを飴色になるまで炒め、そこにタコの肝をぶつ切りにしてから加えてさらに炒め、白ワインを入れて煮詰め、最後にバターを入れてモンテ風に仕上げる。これは、子牛の肝のヴェネツィア風だというので人気が高いということである。また、その店では「タコの肝のアヒージョ」や「タコの肝のパテ」も人気があるということだ。

「タコ肝ソース」はつくっておくと何かと便利である。フライパンに油を熱し、叩き潰してみじん切りにしたニンニクと、刻んだ唐辛子を炒める。いい香りが立ってきたところで、肝を加えてよくほぐしながら炒め、そこへ醤油、酒、味醂を加えて味を調え、さらに煮詰めて「タコ肝ソース」の完成。タコの刺身にかけたり、タコの炒めものに味つけしたりと、さまざまなタコ料理の添えものとして重宝する。

青森県の下北半島の漁師村を中心に、「タコの道具煮」という、肝を主体とする内臓を使った野趣満点の郷土料理がある。タコの頭と足を出荷して、残った頭の中の内臓を捨てるのは勿体ないと、漁師の賄《まかない》食として親しまれてきた料理である。魚介類の内臓を「生きるための道具」と呼ぶことから「タコの道具煮」という名前となった。これがとても美味しいので、今では郷土料理として、振る舞い食にまで出世した。肝臓を中心とするタコの内臓（肝、胃、腸、心臓、精巣、卵巣など）を下茹でしたものに豆腐、ネギ、好みの季節野菜を一緒に煮込んだ汁ものである。肝はフワフワ、胃や腸はコリコリ、精巣はトロトロ、卵巣はプチプチと、いろいろな内臓が入っているのでその食感が楽しめる美味しい鍋だということだ。

## アワビ（鮑）の肝

アワビ（鮑）の仲間は世界で一〇〇種ほど知られているが、日本ではクロアワビ、エゾアワビ、マダカアワビ、メガイアワビなどを総称して「アワビ」と呼んでいる。最も代表的で、美味特上といわれるのがクロアワビで、殻長《かくちょう》二〇センチを超えるものもある。刺身や焼きもの（ステーキ）、蒸しもの、乾物などで食べられるが、かなり高価な貝なので、そうめったに食べられない。海藻を食べて育つため、磯の岩礁地帯などに生息している。

旬は夏で、その時期の豪快な食べ方に「水貝」というのがある。固いアワビの殻つきの肉の表面に塩を振り、束子《たわし》でゴシゴシと力強くこすると、ますます肉が締まって固くなる。その肉を殻から外し、肝は別に取っておき、肉の方だけをなお塩揉みしてよく締め、ざっと水洗いしてから方寸の角切りに切り分け、冷たい薄い塩水に浮かべて供するものである。とにかくカチカチに硬いので、歯の強い人には噛み応えがあり、ギュギュギュと噛みしめるたびに、チュルル、チュルルと優しいうま味と耽美《たんび》な甘みが湧き出てくる。

アワビを料理する時には、必ず出てくる肝（腸《わた》と呼ぶ人もいる）は別に取っておき、それを珍重することは常識となっているほど、アワビの肝は価値があるのである。アワビの肉の下に内臓が納まっており、そこには肝臓、胃、腸、心臓、鰓《えら》、膵臓《すいぞう》、卵巣、唇弁、足、口、貝柱、脳、歯舌、唾液腺、消化腺、生殖巣、入水管、出水管、肛門などが備わっている。濃い緑色（メス）あるいは白色（オス）の帯状に横たわっているのが肝である。ポッテリしていて、臓器の中では最も大きい。

そのアワビの肝には、実は豊富な栄養成分が含まれているのである。先ずミネラルで特筆すべきは鉄分、亜鉛、銅といった、赤血球の合成や各種ホルモンの合成、皮膚や髪を健康に保つ効果、呼吸障害の予防といった成分である。またビタミンでは目の働きに重要なビタミンA、疲労回復や美容に効果のあるビタミンB、皮膚を美しくしたりコラーゲンの生成に大切なビタミンCなどが含まれている。そして、最も注目されているのはコラーゲンとタウリン、ジメチルサルファイドの存在である。多含しているコラーゲンは、骨を丈夫に保つ働きと、骨の老化や関節痛の予防に効果があり、骨ばかりでなく肌のシミやたるみを防ぐ効果もあるとされている。タウリンは非常に多く含まれていて、目の網膜を守ったり、強肝作用や疲労回復に効果がある。ジメチルサルファイドは海藻由来の成分で、胃の潰瘍に特効性があり、また神経を安定させるとされている。

それでは肝料理の基本である「アワビの刺身の肝醤油和え」のつくり方から述べる。アワビ（一個）の殻から肉身を外して取り、そこから貝柱、ヒモ、肝を取り出す。殻は取っておく。肉身は刺身にし、貝柱はクチを切り落としてから刺身に、ヒモは流水で洗って小切りに、肝は砂袋を切り落としてから包丁で叩き、ドロドロとした肝汁をボウルに入れ、そこに醤油（小サジ二）を加えて肝醤油とする。そこに刺身、貝柱、ヒモを入れてよく和える。それを取っておいた殻（よく洗って水気を拭き取ったもの）に盛りつけて出来上りである。

アワビのコリリ、コリリとした刺身から上品なうま味と優雅な甘みとがピュルピュルと湧き出してきて、それを肝の濃厚なうま味とコクとが包み込んで、絶品の味である。肝と身とが、一体となって育ってきたからこそできる寸分の異質感もない美味しさと調和した風味。その見本のようなものがこの食べ方である。

「煮アワビの肝ソースかけ」は、アワビの食べ方の絶頂だと思う。先ず肝ソースをつくっておく。肝をスプーンの裏などを使って押しながら潰し、それを一度、漉《こ》し器で漉す。小鍋に漉した肝を入れ、酒（大サジ二）と醤油（大サジ二）を加えてとろ火にかける。酒のアルコールが飛んだところで角切りにしたバター（一〇グラム）を加え、鍋を揺すりながら混ぜ溶かし、すぐに火を止める。これで肝ソースの出来上り。次にアワビを煮る。アワビの肉に塩を振ってよくこすって洗い、水で流す。鍋にダシ汁（一〇〇ミリリットル）、酒（二〇ミリリットル）、醤油（二〇ミリリットル）、味醂（二〇ミリリットル）を加え、そこにアワビを入れて火にかける。沸とうしたら弱火にし七〜八分ほど煮て火を止め、そのまま冷ます。アワビを食べやすい厚さにスライスして皿に盛り、温めた肝ソースを上からドロリとかけて出来上り。

アワビの肉の表面は琥珀《こはく》色、中が淡い白でそのコントラストが美しく、そこに黄金色の肝ソースがドロリと被《かぶ》さっているのを見ただけで、何と豪華な食べものを前にしているのだろうか、と夢と現実の境目がわからなくなるような錯覚を起こすほど見事な風景だ。アワビの一片をソースと共に口に入れて噛む。その瞬間、鼻孔から海の潮の香あるいは磯のにおいがスーッと抜けてきた。口の中でふっくらとしたアワビの身が歯に応えてムチリ、ムチリとし、そこから貝特有の奥の深いうま味がジュルリ、ジュルリと出てくる。そこにドロリとした肝ソースの濃厚なうま味が重なり、さらにバターのペナペナとしたコクまで参入するものだからたまらない。ああ、美味いわ、美味いわ、どうなっちゃうのと、誰もがその美味さに失神しそうになってしまうのである。

「アワビの肝の醤油漬け」は、簡単につくれて、いい酒の肴になるから重宝だ。長ネギ（一〇センチ）を薄めの小口切りにしてボウルに入れ、酒（大サジ二）、醤油（大サジ二）、味醂（大サジ二）、ダシ汁（大サジ二）を加え、そこに肝を漬け込んで上からラップをかけ、冷蔵庫に一日置いておく。翌日、肝はすっかり漬け汁を吸い込んで、やや固まった状態になるので、それを適当に切り分けて酒の肴にする。そのコロコロとした状態になった肝を、箸の先で少しずつつまみ上げて食べると、口の中では肝がトロリ、ドロリと崩れていき、そこから濃厚なうま味と漬け汁のうまじょっぱみとが融合し合う。そこに日本酒の熱燗を追っかけ流し込んでやると、互いにそれっとばかりに役者を演じ、妙味百倍となるのである。

「アワビの塩辛」は東北の三陸地方や北海道の利尻《りしり》・礼文《れぶん》や積丹《しゃこたん》あたりに行くと、その名品を手にすることができる。この塩辛は大概アワビの獲れる海辺の町に行くと土産として小瓶に詰められて売られているが、アワビの肝（としろ）が主原料である。土産として売られているものは、まったく惚れ惚れするほど美味なものもあるが、逆にどうも味やにおいに馴染めないものもあったりして、この塩辛が大好きな我が輩を喜ばせたりがっかりさせたりする。その原因はどこにあるのだろうかと食べながら考えてみると、どうやら原料に使うアワビの新鮮さが大きく左右しているのではないかと思うのである。それは、不《ふ》味《み》な塩辛には新鮮な磯のにおいがなく、何となく脂肪が焼けたような古くさい臭気がしてならず、渋味も強いのである。

我が輩は、幸いにもアワビが手に入ると大概は肝で即席塩辛をつくる。アワビを殻から外して肉身と肝を取り、肉身の方は刺身あるいは蒸しアワビあたりにする。肉身の外側についているピラピラとした通称「スカート」と呼ぶところを切り取り、それを刻む。肝（アワビ一個分）は包丁で細かく切ってよく叩きボウルに入れ、そこにスカートと塩（小サジ一）、味醂（小サジ一）を加えてよく和《あ》える。これを冷蔵庫に一日置いて食べる。このつくり方は即興の塩辛であくまで早く酒の肴で味わいたいための急ぎ働きである。それでも、この塩辛だけで日本酒の熱燗のあてになってくれる。

アワビの肝だけを欲しい人には、通販がある。検索すると「冷凍アワビの肝販売中」などとあり、三〇〇グラムで一〇〇〇円などという有難いものもある。そうしてアワビの肝をいくつか手に入れたなら、当分の間酒の肴には困らぬようにと、肝の煮つけをつくって保存しておくと重宝する。鍋にダシ汁（八〇〇ミリリットル）と酒（大サジ一）、醤油（大サジ二）、味醂（大サジ二）を入れ、煮立ったら弱火にして肝（五個）を入れる。一〇分ほど煮たらショウガ（一かけら）を加え、さらに二〇分ほど煮て出来上りだ。こうして常備しておくと、酒はいつでも美味しく飲める。

## サザエ（栄螺）の肝

サザエ（栄螺）の一番上にある固い部分、すなわち蓋《ふた》は食べられないが、その蓋に付着して白っぽい肉身の部分があり、それが貝柱で美味い。そしてその内側に黒っぽい部分あるいは緑っぽい部分がクルクルと巻いた状態にあって、そこが肝である。その先端が生殖腺で、オスは薄いベージュ色、メスは濃い緑色である。

刺身にして食べるところは貝柱で、一個しかついていないので、アワビのようにそう多くの量は楽しめない。サザエは海藻しか食べないので肝はかなり栄養素が詰まっており、またタウリンなども多いので美味である。肝に少しついているピラピラしたところ（ハカマという）は、壺焼きを食べる時に感じる苦味の部分で、これを調理の時取り除くこともあるが、むしろあの苦味こそよいのだ、という人も少なくない。サンマやアユの腹わたの苦みを好むのと同じことなので、サザエでもそれもじっくりと味わいたいものである。

サザエの肝の食べ方にもいろいろある。さっとひと茹でして刻みネギとポン酢醤油で食べたり、肝とショウガを味醂と醤油で煮たり、キノコとニンニクと共に肝を炒めてソテーにする、とかなどだ。

「サザエの肝バターソテー」はイタリアン風の食べ方である。茹でたサザエから身（貝柱）と肝を取り出し、身は厚めにスライスし、肝はみじん切りにする。フライパンにバター（一〇グラム）とオリーブオイル（少々）を引き、先ず肝を炒め、身も入れて炒め、醤油を適宜の量回しかける。それを、きれいに洗って水気を拭き取ったサザエの殻に詰め込んで出来上りである。その盛りつけを見ると、何となくフランスのエスカルゴ（カタツムリ）料理に似ている。それでは食べてみましょうかと、箸で肝と貝柱のスライスを取り、口に含んで噛んだ。貝柱はコリリ、コリリとして、そこから乾いた感じのうま味と甘みが出てきて、そこに肝の濃醇なうま味とクリーミーなコクとが出てきて美味であった。炒める時、ニンニクを多めに使ったとしたら、きっとエスカルゴの料理に酷似していたのではあるまいかと思った。

「サザエ肝のショウガ醤油煮」は純日本風の酒の肴である。鍋に一パーセント程度の食塩水を沸とうさせ、そこに何個かの新鮮な殻つきサザエを入れて三〇秒ほど茹でる。サザエを冷水に取り、水を流しながら急冷する。蓋を開け（カニスプーンのようなもので）、中から肉（貝柱）と肝を取り出す。肉は生っぽいがそれでよい。肝は渦巻き状になっているから、その先端（硬い部分の先が目安）を切り取る。それを取り去ると苦味が消える。鍋に酒（五〇ミリリットル）、味醂（大サジ一）、醤油（大サジ一）、砂糖（大サジ一）、ダシ汁（五〇ミリリットル）を入れて火にかけ、アルコールが飛んだところでショウガの千切り（薄切り二枚）と肝を加え、さらに一分ほど煮て火を止める。そのまま放冷して味を含ませ出来上り。この料理は、サザエの肝の真味をじっくりと味わえるのがよく、そして何よりも酒の肴によい。

「サザエの壺焼き」といえば、サザエの身を細かく切ってから元の殻に戻し、醤油と味醂をそこに注ぎ、炭火の上にのせて貝焼きする料理である。ところがこれから述べる「サザエの肝の壺焼き」は、殻の中に肝だけを入れて焼くという、まったく変てこりんな壺焼きなのだけれど、ほんのりと苦く、とても味が濃く、さらに焼け焦げた香ばしいにおいも手伝って、これまた酒客には応えられない肴と相成るのである。殻から取り出した肝（サザエ六個分）をボウルに入れて、酒（小サジ二）、塩（一つまみ）を振ってかきまぜ、一〇分ほど置く。それを空になった貝殻に戻す。別に煮ダレをつくる。小鍋に酒（大サジ二）と味醂（大サジ二）を入れて火にかけ、中火でアルコールを飛ばしたら、そこに醤油（大サジ二）

とダシ汁（大サジ二）を加えてひと煮立ちさせて火を止める。肝を詰めた殻を両面焼き用グリルにセットし、肝の上から煮ダレを注ぎ入れて強火で八分ほど焼く。肝の表面にうっすらと焦げ目がつき、汁がグズグズと煮立った状態で出来上り。

肝の詰まったその壺焼きを皿の上に安定させて置き、それを見ると、何と眩《まぶ》しいことか。肝は赤銅色に焼き上っていて、ところどころ焦げ目なんぞがついたりしている。そして、その壺焼きから放たれるにおいが実に嬉しい。貝の身が醬油で焼かれて出る香ばしいにおいと、さらに潮の香とも磯の香とも呼ばれる海のにおいも鼻孔から入ってくるのである。そして肝の一片を口に入れて噛んだ。ポクポクと歯に応えると、そこからクリーミーなうま味と濃厚な押し味が流れ出てきて、そこにサザエの壺焼き特有のほろ苦みも加わって、何だか壺焼きの原点と触れたような気がするのである。

ところでサザエの固い口蓋はなかなか開かないので、中から肉身や肝を取り出すのに苦労する。江戸時代の古文書を見ると、そんな時にどうするかといったことが書かれている。丼に水を張って上に二本の杉箸を渡し、サザエをうつ伏せにのせておくと、口蓋を開いて肉身が自然に乗り出すから、手早く蓋を押さえてえいっとばかりに引くと、容易に殻から離れる。これはサザエが水を欲する性質を利用するものだが、それでも駄目なら今度は水ではなく火を使うことだ。サザエの尻の方を火にかけてしばらく置くと、熱のためたまらず躍《せ》り出すところを引き抜く、などといった面白いことが述べられている。

## ナマコ（海鼠）の腸《わた》

ナマコ（海鼠）は棘皮《きょくひ》動物に属する生きもので、外皮はおおむね柔軟な肉質で、ほとんど骨らしいものがなく、口と肛門とを連ねる軸に沿って円筒状に体が延長し、口の周囲には環状の触手を列生している。体の大半を占める肉身には味はあまりなく、ほとんどが乾燥させて使用する。それは「イリコ」（乾海鼠）と呼ばれ、中国料理に珍重されるため輸出される。日本では新鮮な肉を小口に切り分け、酢洗いし、おろし大根を加えて三杯酢をかけた酢和えが代表的な食べ方である。

ところが、このナマコの最大の利用価値は腸《わた》にあって、これを塩辛にしたものは驚くべき高価な加工品として珍重されている。その腸はとても細長く、腸と肝の役割を兼ねているので、ここでは一般的にいわれる「ナマコの腸《わた》」と記しておくことにする。

「海鼠腸」は「このわた」と読み、ナマコの腸を塩漬けにして熟成させたものである。獲ったナマコを生簀《いけす》で泥吐きさせ、腸管を採取し、洗浄後、一〇～一五パーセントの上質食塩で一週間ほど塩漬けして水を切り、さらに一〇～一五パーセントの食塩を加え、熟成保蔵して一週間くらいで製品となる。

産地に行くと、土産用として竹筒や小型の樽といったしゃれた容器に詰めて売られているが、酒の肴としてばかりでなく飯のおかずにしても最高の珍味となっている。海鼠《なまこ》の異称が「こ」で、その腸であるから「このわた」と呼ぶようになったが、その歴史は極めて古く、奈良時代にはすでに珍味として賞味されていた。

原料となるナマコは老大のものより若いものの方がよく、また寒中のものが極上とされている。製品は黒ずんだものより鮮黄または黄褐色がよく、線条（すじ）のはっきりしたもので長いものが絶品の目安である。しかし通に言わせると、何といってもナマコから抜き取った直後の腸を生のまま啜《すす》るのが最高であるとのことだ。

平安時代中期の『延喜式《えんぎしき》』に、能登から貢納されたことが記されており、今日でも石川県は伝統的生産地である。

能登のほか三河のものも有名で、昔から「能登、三河の海鼠腸、越前の雲丹《うに》、肥前の唐墨《からすみ》」が三大珍味とされてきた。

今では、このわたはびっくりするほど高価になったので、そうめったに口にできるものではないが、もし幸運にも多めに手に入ったら、一度だけでよいから、我が輩のすすめる

「このわた酒」を楽しんでほしい。コップまたは湯呑茶碗に適宜のこのわたを入れ、熱い燗酒を注いでかき混ぜるだけで結構。特有のうま味に磯の香りと酒の芳香とが融合して絶妙の風味が楽しめる。フグの鰭酒《ひれざけ》など問題にならないほどの絶妙の旨酒となる。

本場石川県能登地方に伝わる、正式なこのわたのつくり方は、一一月六日から四月一五日までが漁期で、採捕したナマコは直ちに生簀《いけす》に一夜畜養して砂や泥を吐かせる。生簀を海底から一メートルほど浮上させて張っておくのは、一度吐いた泥を再び吸い込まないようにするためだそうだ。

ナマコからの脱腸は、従来は「脱腸刺し」といって、米屋が俵を引っかける刺し手のようなものを肛門から突っ込み、内臓を絡ませて引き出していたが、今は半切り桶の中で小刀で腹部を三〜四センチくらい切り込み、肛門部の反対側から指頭でしごき出して採取するのが一般的である。

抜き出した腸は海水で洗浄するのだが、その要領は腸の先端の口の部分を太い木箸でつまみ上げ、人差し指と中指で腸管を軽くはさみ、下方に向かってしごき出して腸管内に残っている砂泥を排除するのだが、ここが大変熟練を要するとのことである。力の加減では腸が切れたり絡まったりして十分に砂泥を取り除けないことも多いからである。

塩漬けは籠《かご》または目の細かい簀子《すのこ》にのせ、一〇〜一五パーセントの食塩を混ぜて水分を滴下させて水を切る。一時間ほどしてからさらに一〇〜一五パーセントの食塩を加えて保蔵し、早熟もので一週間、完熟もので一ヵ月保って製品としていた。

その出来上りのものをちょいとその場でつまませていただいたが、あっという間にそのうま味と磯のにおいが口の中に広がってきたので、これは大変だとばかりに宿に走り戻って、飲み残しの純米吟醸酒を片手に下げて再びこのわた加工所に戻ったほどであった。江戸時代から続く石川県穴水町《あなみずまち》の森川仁右衛門《もりかわじんうえもん》商店でのことである。

このわたは、そのままズルズルと啜《すす》って酒の肴にする、あるいは炊き立ての温かい飯の上にのせて食べるなど、ストレートで味わうに限るが、料理屋の中にはウズラの卵黄と混ぜ合わせて客に出すとか、イカを細く切った刺身あるいは甘エビの刺身などに和《あ》えて供するといったことも行われている。また、ある店では、茶碗蒸しの中にこのわたを入れた「このわた茶碗蒸し」を出されたが、なかなかの味わいであった。

## カニ（蟹）の肝膵臓

カニ（蟹）は大変種類が多く、世界の海には約五〇〇〇種類いて、そのうち日本には一

○○○種ほどいる。しかし、商業漁獲の対象とされ、食用として市場に出回るのは五○種類ほどである。ケガニ、ワタリガニ（ガザミ）、ヒラツメガニ、クリガニ、ズワイガニ、タカアシガニ、ハナサキガニ、ベニズワイガニ、モクズガニ、キタタラバガニ、エゾタラバガニなどは有名で、一年中何らかのカニが市場に出ている。

カニの最も美味なところは、いわゆる「カニみそ」といわれる部分で、ねっとりとしていて味が濃く、しかししつこくはなく、甘みもあって、そしてとても幅のあるコクを持ち、脂肪も豊かでクリーミーだ。実はこのカニみその部分は、器官でいえば「肝膵臓《かんすいぞう》」といわれるところで、肝の役割も果している。そこでカニの肝膵臓の喰い方もこれから取り上げるわけである。カニに似た節足動物の甲殻類《こうかくるい》にエビがあるが、このエビにも「エビみそ」といわれる美味箇所がある。そこもエビの肝膵臓であり、カニと同じようなものと考えてよろしい。

ではカニみその正体から述べよう。このカニみそは正しくは中腸腺《ちゅうちょうせん》という内臓のことで、人間のような哺乳類でいえば肝臓と膵臓の機能を持った器官である。では、なぜ「みそ」と呼ばれるのかというと、見た目が味噌に似ているからである。そのカニみそは、食べてみると実にコクがあり、そのコク味の主体が脂肪なのである。したがってカニみそはとても高カロリーな食べもので、カニみそ一○○グラム当たり一八○キロカロリーもある。

カニ肉身のカロリーは一〇〇グラム当たり八〇～九〇カロリーであるから倍近いエネルギー源を持っているということになる。

　カニみその栄養成分は何かというと、何と驚くことに中性脂肪を減らす効果を持つタウリンや、抗酸化作用のあるアスタキサンチンを豊富に含んでいる。また、うま味の主成分はタウリンで、甘みはグリコーゲンが主である。痛風の人には耳が痛いだろうが、プリン体が一〇〇グラム中一五二・二ミリグラムも含まれている。

　とにかくカニみその美味しさは世界の民族共通で、日本人以外の世界中のカニスキーさんもペロペロと舐め、チュウチュウと吸い、バリバリと嚙み砕いている。アマゾン川のカランゲージョでも、メコン川の泥ガニでも、アムール川の底ガニでも、日本の利根川のモクズガニでも、川のカニまでも、そのみそはそこに住む人たちにペロペロと愛されているのである。

　以前からカニみそは缶詰や瓶詰になって売られていて、これを手に入れることは実に容易である。とりわけ今日は通販などという便利なものがあって、スマホかタブレットで「カニみそ」なんて検索すると、いやはや出てくるわ出てくるわ。「香住《かすみ》港産ベニズワイガニ六〇グラム入り一六六四円」、「毛ガニみそ四〇〇グラム　北海道産五三八九円」、「紅ズワイのカニみそ甲羅盛り　六個入二四八〇円」などというのがすごい件数出てくるのである。

まあ、カニの肝膵臓を料理の材料に使うなどという大胆な試みを行う人など、そう多くはいないであろう。カニ料理の専門店ならいざ知らず、一般家庭では、そうめったにカニをさばかないから、たまにやってきたカニみそならば、それだけをペロペロと賞味して満足する人の方が多いからだ。第一、カニみその量として、一パイのカニからとれるみその量は限られていて、それを料理に使って、家族みんなで舌鼓を打つなどというのはわびしすぎるし、味もはかない。

そこで役に立つのが、瓶詰や缶詰になって売られているカニみそなのである。これは、カニ缶を専門につくる水産会社が加工の際に出るみそを商品化したり、カニ加工会社が脚《あし》が取れたり傷がついたりして商品価値の低くなったカニから身だけ取り、カニみそは別に集めて商品化したものがほとんどなのである。だから、あんなに珍重され、憧れの的となっているカニみそでも、そう目玉が飛び出るほどのものではなく、少しは高価だけれど、皆で料理して楽しむのには向いているのである。

では、カニみそを使った嬉しい料理にはどんなものがあるのだろうか。先ずは「カニみそのパスタ」である。この料理を美味しくするのは、カニみそだけでなく、できればカニの身もあるとぐっとグレードが上る。それには格好の方法があって、我が輩はいつもその方法でつくる。それはカニ缶を買うことである。だが間違ってもタラバガニあたりの脚肉缶などを買ってはならない。ひと缶何千円もするから、それだけで食欲はガクンと音を立てて落ちる。実は格好のカニ缶があって、それは「カニほぐし身水煮」とか「カニ脚水煮ベニズワイ」といったものである。市場価値の低いカニの身や脚を殻から剝《む》き取ったり、身をほぐしたりしたものを水煮したもので、これだとひと缶何百円で買える。また、「カニみそ」でも「カニ肉入りカニみそ」というのもあり、これもそう高くはないので使うと便利だ。

では、そのパスタのつくり方。パスタ（二束）を茹でる。カニみそ（平たい缶詰で五〇〜六〇グラム入っている）をフライパンに取り出して、そこに生クリーム（二〇〇ミリリットル）とバター（一〇グラム）、オリーブオイル（大サジ一）を加え、よく混ぜ、温め、それに茹でたパスタを絡ませ、カニの身（格安のカニ脚ほぐし身缶五〇グラム）も加えて絡ませて出来上り。好みの量の塩を振って召上れ。

それを皿に盛ってご覧遊ばせ。パスタがカニみそに染められて黄金の色となり、そのあちこちにカニ脚の赤と白の肉が散らばり、何と美しいことか。それではいただきますと、フォークでパスタをクルクルと巻き取って口に入れて食べた。するとパスタはホワホワ、ムチムチとしながら歯に応え、そこから淡い甘みがチュルチュルと出てきて、そこにカニみそやバター、生クリームからのペナペナとしたコクが絡みつき、カニ肉のうま味も参入して、カニの風味をダイナミックに味わえる逸品となっていた。

カニみその奇異的食べ方が、あるメディアから放たれていた。我が輩はこれは面白いと思ってつくってみると、いやはや感心しきりで、とても勉強になった。材料はカニみそとマグロのネギトロと、何と漬物のタクアンである。題して「カニみそネギトロタク」というそうだ。何だかずいぶんと長い料理名である。

つくり方は、カニみそ（缶詰でも瓶詰でもよい。それを二五グラム）にネギトロ（五〇グラム）を混ぜ、それに細切れにしたタクアン（好みの量）を混ぜ、市販の出汁《だし》醤油（小サジ一）で味つけして出来上りである。これを食べてみたところ、カニみその淡い甘みとうま味にネギトロの濃いうま味とコクが被《かぶ》さり、それがネチャネチャと合体する中、独りタクアンがポリポリと歯に谺《こだま》して、そこから牧歌的においなどを放ち、とても不思議なうま味を感じることができた。我が輩は、これを何とかしてもっと上品なものにできないかと思い、この「カニみそネギトロタク」を海苔で棒状に巻いて、それを筒切りにして食べてみた。すると今度はカニみそも、ネギトロも、タクアンも海苔としっとりと合って、美味が倍加したように思われた。

「カニみその茶碗蒸し」は美味しい。卵（一個）とダシ汁（一〇ミリリットル）、ぬるま湯（一四〇ミリリットル）を混ぜ合わせてから茶漉《ちゃこ》しで漉し、そこにカニみそ（大サジ一）を入れて混ぜる。蒸し器に入れて一五〜二〇分間蒸し、出来上り。卵がトロリと固まって、とても滑らかな舌ざわりとうま味を、カニみそのコク味とクリーミーなうま味とがマッチして酒の肴にはもってこいである。

「カニみそのチャーハン」も絶品である。タマネギ（半個）をみじん切りにして、カニ肉入りカニみそ（缶詰でも瓶詰でもよい。大サジ二）を加えてバターで炒め合わせ、そこにご飯茶碗三杯の飯《めし》を加えて焼きめしをつくり、塩とコショウで好みの味に調え食べる。飯がカニみそで黄金色に輝き、そこにカニ肉の赤色がところどころに散らばり、飯の一粒一粒がカニの味に染められて子供も大喜びのチャーハンになる。

食べ出したらどうにも止まらない、というのが「北海カニみそ丼」である。フライパンでキノコのシメジ（一〇〇グラム）をほぐしてバターで炒める。そこに生食用のホタテ（五粒ぐらい）を加えてさらに炒め、ホタテに火が入って固まってきたら一旦火を止めてホタテを取り出し、包丁で叩いて適当に刻む。ホタテを戻してから再び火をかけ、そこにカニみそ（一缶）を加えてよく混ぜながら炒める。それに塩とコショウをして好みの味をつけ、丼に盛った温かい飯の上にぶっかけて出来上りである。これで大体四人分の丼飯《どんぶりめし》ができる。

左手に丼、右手に箸を持ち、丼の縁《ふち》を尖《とが》らせた唇につけて、ざっとひと混ぜしたものを啜り込むようにンガンガと貪《むさぼ》る。丼飯の喰い方は、大体このようにして、行儀の良し悪しなど考えず、がむしゃらに夢中になってかっ込むリズムがまた嬉しいところで、こうして喰うと、本当に丼飯の真味というものがわかるような気がする。口の中に入っていった飯は噛むと耽美な甘みが出て、そこにホタテからの優雅なうま味と甘みとが一体となって絡まり、さらにカニみそのこれまた濃厚なうま味が参入し、それらをバターのペナペナとしたコクが包み込み、シメジのコキコキからの淡泊なうま味も脇役となって、あっという間に丼は底を恥ずかしくさらけ出すのである。

「カニみそソース」をつくって野菜サラダなどにかけるとこれも美味い。鍋にサラダ油を入れ、そこにカニみそ（大サジ三）とダシ汁（一〇〇ミリリットル）を加え、塩（少々）と砂糖（少々）で味をつけ、水溶き片栗粉（小サジ二）でとろみをつけ、最後にバルサミコ酢（小サジ二）を入れて出来上りである。

白ワインに合う「カニみそチーズ」は格調も高い。つくり方は、クリームチーズ（大サジ四）を耐熱容器に入れ、六〇〇ワットで二〇秒間電子レンジで温める（ラップはかけない）。カニみそ（大サジ四）をクリームチーズと混ぜ合わせ、塩、コショウ（柚子《ゆず》コショウなら嬉しい）で好みに味つけして出来上り。簡単だが白ワインにはとてもよく合う。

その「カニみそチーズ」を小さな器に盛り、脇に小さなスプーンを置いておく。ワイングラスと冷えた白ワインも用意し、先ずはワインをコピリンコ。ワインは胃袋の周辺をたちまちジュワワーンと熱くする。スプーンで「カニみそチーズ」をちょいとすくい取り、口に入れると、とたんにトロトロトロと溶け出して、あっという間に口の中は滑らかなコク味とチーズの重厚な押し味、カニみその主張あるうま味が広がっていく。その余韻を口に残して、またワインをコピリンコ、カニみそをペロロンコ、そしてまたコピリンコ、ペロロンコ。

カニみそといえば、上戸《じょうご》あるいは蟒《うわばみ》にとって大好きなのが、甲羅酒《こうらざけ》である。食べ終えたカニの甲羅を残しておき（もっとも甲羅をかじる人はいないから自然と残るのだけれど）、そこに熱燗をぶっかけていただくという、野趣満点の飲み方だ。我が輩もこれが大好きで、フグの鰭酒《ひれざけ》、真鯛あるいは岩魚《いわな》の骨酒《こつざけ》と共に「三大ぶっかけ酒」として愛好している。だからこれまで、ずいぶんと甲羅酒を嗜《たしな》んできたのだけれど、この甲羅酒を本当に美味しくいただくには、それなりの方法、大袈裟《おおげさ》にいえば極意みたいなものがあるのである。

我が輩は「味覚人飛行物体」とか「ムサボリビッチ・カニスキー」とか、「発酵仮面」とか、とにかくいろいろな仇名《あだな》を持っているが、その中に「ヨップロイ」という不思議なものもある。これは何かというと「酔っぱらいのプロフェッショナル」を縮めてつけたもので、とにかく「酔っぱらい」でなく「酔ップロイ」なのである。もっとも、我が輩の酔っぱらい方は、とても陽気なので、誰にも迷惑などかけないばかりか、周りを大いに笑わせて、すごく楽しい宴席に導くプロフェッショナルというわけだ。その「ヨップロイ」が伝授する甲羅酒なので、これは大いに参考にすべきである。

先ずはカニみそは甲羅からチョビチョビと取って、時間をかけて楽しみ、すっかりみそを食べ尽くした方がよいのである。甲羅酒のためにみそを少し残しておくかなんて思わず、すっかり食べてしまうことが大切なのである。みそが甲羅に残っている状態で熱燗をぶっかけては、たちまち生臭くなって失敗だ。こう言うと、そんなやり方では酒にみその味が少なくなるので美味しさは半減するのではないか？　と思う人がいるだろうが、そうではない。カニ肉やカニみそを食べ終えて、空になった甲羅の内側には、まだかなりのうま味が濃く残っているのである。そこに熱燗をぶっかけると、燗酒はそれらのうま味を吸収し、たちまち濃醇な美禄《びろく》となるのである。すなわちこの甲羅酒の意味するものは、あくまでカニみその味を酒で味わうのではなく、酒の味を残しながらほのかなカニの風味を楽しむところにある。

そして、そのように空になった殻に熱燗をぶっかけるだけではまだ駄目なのである。それではまだカニの生臭みが酒に移行して、てんでよくない。つまり酒の方が不味くなる。

そこで何をすればよいのかというと、甲羅を焼くのである。酒を甲羅に入れて焼くのではなく、必ず空の甲羅を炭火の上で焼く。そうすると甲羅の内側の水分は飛び、甲羅からは香ばしいにおいが立ってくる。あまり長く焙ると甲羅が焦げてしまうので、適当な頃合いを見て、そこに燗酒を注ぎ入れるのである。そして、あとしばらくそのまま置き、炭火の上から取り出して、その熱々の甲羅酒を、口を尖らせてコピリと飲むのである。せっかくの天の美禄であるのだから、グビリンコ、ゴクリンコなんて喉を鳴らして一気に飲むのは野暮というもので、ここはあくまで、コピリ、コピリとじっくり味わっていただく。それがまた粋で、ヨップロイの本則である。

ところで、南方諸島へ行くとちょいちょい耳にするのが「椰子《やし》ガニ」のことである。椰子ガニはカニの仲間ではなく、正確にはオオヤドカリ科甲殻類に入るヤドカリの仲間で、カニにもエビにも入らないのだが、しかししっかりとした超美味の肝臓を持ち、その上、甘く耽美な肉身の味はカニやエビに酷似している。

英名をRobber Crabすなわち泥棒ガニと名づけられたのは、深夜こっそりと椰子の木に登り、椰子の実を切り落として巣に運ぶという言い伝えからだというが、実はそんなことはありえず、木に登ることはときどきあるのだが、実を鋏《はさみ》で切り落とすとか、硬い実を高いところから落として割る、などというのは作り話である。

ヤドカリといっても、そのあたりの夜店やお祭りの時に売られている小型のもののように貝殻を背負っているわけではなく、立派な殻を持っている。陸上に棲む最大のヤドカリで、大きくなると体長三〇センチ、重さ一・五キロにもなる。

以前は南太平洋や南西諸島の貴重な食料だったのであるが、乱獲のため今は無人島にでも行かないとなかなか見つけることもできなくなった。日本の与論島《よろんとう》以南から南太平洋、インド洋の島々に多く見られ、沖縄県八重山《やえやま》地方（石垣島や西表島《いりおもてじま》など）ではマッカンまたはマッコンと呼ばれる人気の動物でもある。この地方では今でも貴重な珍味として食べられているが、よほど上手に解体、調理しないと腹痛や吐き気などを起こし、ひどい場合には呼吸困難や脱水症状まで起こす毒があるといわれてきたので、今でも食べる時の用心は怠らない。椰子ガニの腹腔《ふっこう》にある線状の器官が中毒を引き起こすことがわかり、その部分を除去して食べるということである。

我が輩はこの椰子ガニを沖縄の石垣島や南西諸島、中国の海南省海口市あたりでよく賞味してきた。肉身は甘く濃厚なうま味があってなかなかのものであるが、豊富にある肝臓、いわゆるカニみその美味たるや、本当に腰を抜かすほど濃厚な美味さがある。茹でる前は黒ずんだ紫青色なのだが、これを茹でた後は誠に鮮やかな黄金色に変化する。

そのみそのうま味だが、深い奥味があって、そして脂肪からのコク味がのっていて、ネットリとした滑らかな感覚は、さまざまなカニやエビのみそを賞味してきた我が輩にとっても、絶句するほどの佳味であった。我が輩はそのうま味を「魔性の味」と表現したが、神秘的で耽美な底無しのうま味とコク味には本当に驚かされた。

Kimomi wo kuu

# 肝揉《きもみ》を喰う

我が輩は福島県の常磐《じょうばん》海に臨むいわき市の隣町で生まれ、育った。阿武隈《あぶくま》高地の一番東側、つまり太平洋側にある町だ。高地というだけのことはあり、町の一番高い矢大臣山《やだいじんやま》に登ると、遥か遠くに太平洋が望める所だった。だから我が輩は、小さい時から常磐海の魚介ばかりを食べていた。この海域は、北からの親潮（寒流）と南からの黒潮（暖流）とがぶつかり合う潮目の海であるので、南北双方からのプランクトンが入り乱れ、絶好の餌場となっているのである。その餌を求めてやはり北から南からイワシやサバ、サンマ、アジ、トビウオなどの青魚たちが集まり、今度はそれらの魚を狙って中型魚のカツオやマグロ、スズキ、イサキ、アイナメ、シイラ、サワラ、ホシザメなどが追ってくるので、日本屈指の好漁場となっているのである。

さらにこの海は三〇メートルから五〇〇メートルという幅のある深さがあり、砂泥状の海底になっているので、そこに生息しているアンコウやメヒカリ、ドンコ（エゾイソアイナメ）なども底曳網で大量に漁獲される。また海岸部は、ワカメやカジメなどの藻類が多い岩礁が点在しているので、ウニやアワビ、サザエなども多く生息している。勿論、イカやタコなどの頭足類や、カニやエビなどの甲殻類も豊富にとれる。

そのような恵み豊かな海であるので、昔から魚介類の食べ方には伝統があり、また固有性もあって、そこには常磐海ならではの食文化を形成してきたのである。例えば「サンマの味醂干し」や「ウニの貝焼き」、「アンコウの吊し切り」などはこの地で発祥し、今も地元で大いに食べられているのである。

その中でも、全国の他の地域ではあまり聞いたことのない食べる文化として「肝揉《きもみ》料理」というのがある。我が輩はこの食法にずっと興味を抱き続け、調査し、そして自分でもそれをつくって大いに楽しんできた。その料理とは、新鮮な魚介類の肝を使ってつくるもので、誠にもって濃厚で美味しい酒の肴あるいは飯のおかずになる。そこには昔の人たちの知恵や発想などがしっかりと凝縮されているのである。本来あまり使わない粗《あら》、とりわけ肝を捨てることなどせず、肝の性質を十分に知った上でしっかりと美味しく食べてしまう工夫には感動すら覚えるのである。以下に福島県いわき市浜通り地方に伝承されてきた「肝揉」について述べることにしよう。

## サガ（鮫）の肝揉

「サガ（鮫）の肝揉」は淡泊な味のサガの白身肉に超濃厚なサガの肝を和《あ》えて食べる絶妙の料理である。磐城《いわき》ではサメのことをサガと呼び、東北・関東地方ではサメ、関西ではフカ、山陰地方ではワニあるいはクニなどと地方によって呼び方が違っている。磐城は昔からホシサガとジョウヘイサガを好んで食べてきた地域で、ぶつ切りにした肉を甘じょっぱく煮つけたり、刺身で賞味してきた。

そのサガの肝揉のつくり方は、ホシサガ（体長約一・五メートル、体重約三・五キロの細長形のサメ）を水でよく洗い、頭と内臓を切り落とし、皮をむく。内臓から肝だけを取り出し、別に置いておく。サガの肉身を三枚におろし、骨を取り去り、そのおろし身で刺身を造る。肝を鍋に入れて炒め、肝が溶けてきたら好みの味まで味噌を加えてさらに炒める。炒め上ったら火を切って冷まし、冷めたら適宜の量の酢を加え、混ぜ合わせる。これが刺身用のタレで、これを刺身にべっとりとつけて食べるのである。

とにかくこのサガの肝揉というつけダレは、極めて濃厚な味をしている。それは、サメの肝は肝油の原料となるほど脂肪をたっぷりと含んでおり、そのトロトロとした中にどっしりとした濃醇なコク味が宿っているからである。新鮮なサガの刺身にそのタレをドロリとつけて食べると、身がコリコリ、ポテポテと歯に応え、そこから淡泊なうま味がチュルチュルと湧き出してきて、それを肝揉からの濃厚なコク味とうま味が包み込み、誠にもって美味秀逸となるのである。

# アンコウ（鮟鱇）の肝揉

常磐海で最も有名な魚といえば、何といってもアンコウである。したがってアンコウの料理法はとても多くあるが、この魚を材料とした肝揉もよく食べられている。この「アンコウの肝揉」は、一般的な肝和《きもあ》えとは違っておそらく磐城固有の食べ方である。それは、ほとんどのアンコウ料理は肉も肝も火を通すのが常道であるのに、この肝揉ではまったく火を通さず生で食べるところに独自性がある。

そのつくり方は、先ず吊し切りして得た肉身を刺身のように薄く切る。アンコウの生の肝をボウルに入れて手で潰《つぶ》し、そこに味噌を加えて好みの味とする。この肝潰しを手で行うのが大切で、すり鉢に入れてすりこぎ棒ですり潰すと、脂《あぶら》が肝から外れて浮かんでくるのでいけない。このようにしてつくった肝揉にアンコウの刺身をつけて食べるのであるが、トロリとしたマイルドな肝の味に、シコシコとしたアンコウの刺身は、妙味一体となって感動の味わいとなるのである。

ところで、アンコウの共和《ともあ》えと共酢《ともす》を同じものと思われている人も少なくないが、これはまったく違う料理である。「共和え」は、吊り切りしたアンコウを皮、肉身、内臓に分け、骨についている肉身は丁寧に切り取る。内臓からは胃袋、肝、腸、卵巣などを取り出し、胃袋は切り裂き中の内容物を取り出して、包丁で汚れを削り取る。次に肝以外の肉、皮、胃袋、腸、卵巣など食べられるものは全て鍋で煮、それをひと口大に切り分ける。鍋で生の肝と味噌とを炒《い》り、そこに水で戻した切り干大根とワカメを加え、茹でた肉や皮、胃袋、腸、卵巣を加えてからさらに炒めて出来上りである。以上が磐城地方でつくる共和えで、切り干大根とアンコウの調和した味は妙味満点である。

一方、「共酢」をつくる時の肝は、茹でるところが生での共和えと異なる。肝を茹でたら、すり鉢でよくすり、そこに味噌と砂糖、酢を加えて味を調える。その肝のタレに茹でた肉や皮、胃袋、腸、卵巣などを入れてよく和えて出来上りである。この共酢は、アンコウの肉と内臓と肝のみでつくるのでアンコウ料理としての食べ応えがある（本書一九頁の「アンコウ（鮟鱇）の肝」でも紹介しているので、参照されたい）。

ついでに、磐城には「アンコウの肝煮」（直煮《じきに》）という野趣満点の鍋料理もあるので紹介しておくことにする。アンコウの食べられる部分は全てひと口大に切る。生大根をよく洗い、皮をむき、厚めのイチョウ切りにする。生肝を鍋に入れて潰しながら炒める。溶けてきたら味噌を混ぜ、さらに炒めて味をつける。そこに切り分けたアンコウと大根を入れてあと少し煮て出来上りである。このつくり方で注意して見なければならないのは水を一切使わないことである。水は全てアンコウの身、肝、大根から滲出《しんしゅつ》してくる水分だけで間に合わせるのがこの料理の特徴で、そのため「直煮」とも呼ばれているのである。

この料理はアンコウのうま味を最大限味わえることになり、我が輩のようなアンコウ大好き人間にはもってこいの喰い方ということになる。我が輩は冬のアンコウの時期には、よくこの直煮をつくって大いに楽しんでいるのであるが、鍋から椀に盛ってみると、ゴロゴロとしたアンコウの身と大根に、肝がびじゃびじゃに絡まりついて、正しく野趣満点で、その味も全て肝のコクとうま味によって濃く染められ、強烈な美味しさを味わうことができる。この料理を食べる時、人数が多いと水分が足りなくなり、あっという間に鍋は底をさらけ出してしまうので、そういう時に出来上った直煮に水を差して煮ながら食べるのを「アンコウのどぶ汁」というのである。

## タコ（蛸）の白肝揉

「タコの白肝揉《しらきもみ》」もなかなか乙な食べ方である。タコ（蛸）はマダコやアマダコ（ヤナギダコ）を使い、肝と味噌でタレをつくり、それに身をつけて食べるのである。タコをよく洗ってから裏返しにして墨を上手に抜き去る。裏返しにしたまま十字に切りつけ、カラストンビ（口ばし）も取り除く。そのタコを姿煮にし、茹で上ったら頭の中にある肝を取り出す。肝はすり鉢でよくすり、そこに豆腐、味噌、砂糖を加えて甘鹹《あまから》く味を調え、さらによくすり合わせる。煮ダコは食べやすい大きさに切ってから、大きな丼《どんぶり》に移し、その上から白肝揉をドロリとかけてよく和えて出来上りである。

タコの身のシコシコとした歯応えの中から上品な甘みとうま味が湧き出してきて、そこに肝からの濃厚なコクが重なり、さらに豆腐の淡泊なうま味もアクセントになり、そこに味噌のうまじょっぱみと砂糖の甘みも参入してきて絶妙な味となるのである。タコは、近海ものなら生のままを刺身にして食べることも多いが、うま味の濃さを味わうなら茹でてから刺身にした方が断然甘みも増して美味いのである。そのため、このタコの白肝揉は的を射た料理法といえる。

## タコ（蛸）の黒肝揉

この「タコの白肝揉」に対して、迫力のある「タコの黒肝揉」というものもある。タコを塩でよく揉み、水で丁寧に洗ったら頭部にある墨と肝を取り出す。タコはよく茹でてから食べやすい大きさに切る。生大根は水でよく洗ってから千切りにする。温めた鍋に墨と肝を入れ、火を加えながら箸で突ついたり潰したりして互いを溶かし、火を弱めてから味噌と砂糖を加えて好みの味をつけ、そこに大根の千切りを入れてさらに炒める。大根が煮えたらタコの身を入れてからよく混ぜ合わせ、さらにあとひと炒《い》りしてから出来上りである。

白肝揉の白の出来上りに比べて、こちらの方は墨を加えたので真っ黒に仕上り、その色の迫力はなかなかのものである。イカの墨には、真っ黒い色素（セピアメラニン）だけでなく、うま味の成分も多く含まれているので「イカの墨造り」と呼ぶ塩辛や「イカ墨パスタ」、「イカの墨汁」などがある。ではタコの墨にうま味があるかと問うと、多くの人が「イカより味がない」と決め込んでいる。ところが、これはとんでもない話で、日本調理科学会のデータによると、主なうま味アミノ酸の場合、アルギニン酸は一〇〇グラム中スルメイカが一七・一ミリグラムに対してイイダコ一〇五・三ミリグラム、マダコ四七・二ミリグラム、アスパラギン酸はスルメイカ八・七ミリグラムに対しイイダコ四二・二ミリグラム、マダコ二六・〇ミリグラム、グルタミン酸はスルメイカ二四・四ミリグラムに対しイイダコ七四・四ミリグラム、マダコ七一・八ミリグラム、タウリンはスルメイカ三七四・二ミリグラムに対しマダコ四五一・四ミリグラムと、全てタコ墨の方が多いのである。ところが、日本には、昔からイカ墨料理はあるものの、タコ墨料理はまったくといっていいほどないのである。その点、磐城の人たちがこのタコの黒肝揉にタコ墨まで使ったのは、賢明な知恵であった。

## カワハギ（皮剝）の肝揉

「カワハギの肝揉」は、全国で見られる「カワハギの肝酢」（カワハギの刺身を、ポン酢醬油で溶いた肝につけて食べる）とは違うものである。カワハギ（あるいはウマズラハギ）を水でよく洗い、皮をむく。内臓の中から肝だけを取り出し、他の臓器は捨てる。カワハギは三枚におろして刺身にする。肝を器に入れ、手で潰してから味つけに味噌を入れてよく合わせ、味を調える。その味つけした肝に刺身を入れ、手でよく混ぜ和えて出来上りである。肝と味噌でつくったタレに直接刺身を合わせて豪快に食べるものである。

「海のフォアグラ」と呼ばれるのはアンコウとカワハギの肝で、食通の間では「体に蓄えた濃厚な肝はアンコウよりカワハギの方が美味とは知る人ぞ知る」というのが通説で、我が鞏もその説に異論はない。アンコウの肝は濃厚な味では上かと思うが、肌理《きめ》の細かさや味の緻密さと優雅さ、舌ざわりなどはカワハギに軍配を上げている。その肝に含まれる脂肪分は三五〜四〇パーセントもあり、マダイの二パーセント、マグロの三パーセントに比べれば比較にならないほど大量の脂を内蔵しているのである。また、体重に対する肝の重量比はマダイは一パーセント以下、サバは一パーセント台なのに対し、カワハギは一五〜二〇パーセントをも占めるのである。こんなに肝に脂が蓄積されるのは、カワハギは他の魚に比べて運動量は少なく、脂肪を身に貯め込む必要がない分、摂った栄養を脂肪に変えて蓄えているからである。

このカワハギの肝揉と同様に、これまで述べた磐城の肝揉にはことごとく味噌を加えているのにも理由がある。それは、カワハギのうま味の中にアミノ酸以外にイノシン酸という呈味《ていみ》物質が含まれていて、この成分が大豆に多含されるうま味成分のグルタミン酸と出合うと、そこに味の相乗作用が起こって、食べた人のうま味感覚が一挙に三〜四倍に増幅されるからである。

# イカ（烏賊）の肝揉

全国的に食べられている「イカの塩辛」については前述した通りであるが、磐城の「イカの肝揉」はそれとは少し違う。イカを水でよく洗い、腹を裂き、肝を潰さないように丁寧に取り出す。イカの足の部分と身を切り分け、足についている吸盤をそぎ取り、身の部分は皮をむいてから刺身にする。肝をすり鉢に入れてよくすり潰し、味噌を加えて味を調え、さらによくすり合わせる。肝と味噌をすり合わせたタレにイカの刺身を加え、よく和えて食べると酒の肴や飯のおかずに最適だ。すなわち、全国で食べられている「イカの塩辛」と一番違うところは味噌を加える点と、出来上ったらすぐに食べられることである。磐城の浜の人たちは、待つということがどうも苦手のようで、「イカの塩辛」だと数日間の発酵と熟成を必要とするのだけれど、この「イカの肝揉」は味噌の存在で味がすぐによくなり、肝の味のしつこさやくどさも和らげてくれるので出来立てを美味しく食べることができるのである。

磐城の人たちがよくつくる「イカの肝煎《きもい》り」という料理は、これまでの「肝揉」とは違って肝に火を加えて煎りあげるものであるが、これが恐ろしいほど美味しく、ご飯のおかずで食べると、あっという間に茶碗三杯の飯は胃袋に吹っ飛んで入っていってしまうし、酒の肴にするとみるみる間に徳利《とっくり》三本は行ってしまう。生イカを例によって水でよく洗い、肝（腸《わた》）を袋ごとコロリと取り出す。身と足を食べやすい大きさに切り、さっと茹で上げる。鍋に腸から肝を搾り出し、とろ火にかけて十分に溶かしたら、味噌と砂糖を入れてよくかき混ぜながら炒める。そこに千切りにした大根を入れてよく混ぜ合わせ、大根が食べられる程度に煮えたら、イカを入れてよく混ぜ合わせ、出来上りである。

イカの身と大根は肝の黄褐色あるいは琥珀色に染められて実に美しく光沢していて、その身を箸で取って食べると、歯に応えてシコリ、コキリとし、そこからイカならではの優雅なうま味と品のある甘みとがチュルチュルと出てきて、大根も歯に潰されてフワリポクリとして、そこから微かな甘みが湧き出してくる。その全体を肝の濃厚なコクとうま味が包み込むものだからたまらない。まさに舌躍頬落《ぜつようほうらく》の思いに至るのである。この「イカの肝煎り」を温かい丼飯にぶっかけて喰った「イカの肝煎り丼」の美味さは、今でも言語を絶するほどのものであると我が輩は思っている。

# マンボウ（翻車魚）の肝揉

肝揉の中で、最も興味をそそられるのが「マンボウの肝揉」である。マンボウ（翻車魚）はフグ目マンボウ科に属する魚で、体は半卵円形で平べったく、よく海上にぽっかりと浮かんで漂流している。巨大な魚で、全長二・五〜三メートル、体重五〇〇〜六〇〇キロもあり、漂流しながら口をパクリ、パクリと開けて、海上に漂っているクラゲを主食にして生きている。

海面を浮遊しているものを通りがかりの漁船が漁獲する程度なので、水揚げ量は少ない。皮が厚いので肉量は少ないが、その肉は目が冴えるほどの白身で、味は淡泊で歯ざわりがとてもよい。食べ方は、刺身またはさっと湯がいたものに酢味噌をつけて食べるが、胃袋を小さく切り分けて串に刺し、塩焼きとしたものは、特有の歯ざわりが楽しめ人気がある。

我が輩は小学生のころ、磐城（現・いわき市）の小名浜の市場や四倉《よつくら》で水揚げされたばかりのこの魚を見たことがあるが、その巨大な姿に声も出ず、唖然《あぜん》としたことを昨日の出来事のように思い出に残っている。その後はこの魚をよく食べる機会があったので、今でも思い出しては昔の味を懐かしがっているが、やはり当時よく食べた肝揉の味は未だかつて脳裏から離れられないでいる。マンボウを食べる所は少なく、千葉県や茨城県、福島県の磐城がよく知られる常食地であるため、この地方ではマンボウを食べないと夏が来た気がしないという人も少なくなかった。

さて、その「マンボウの肝揉」のつくり方は、市販されているマンボウの肉に塩をまぶしてよく洗い、食べやすい大きさに肉を切り分ける。マンボウの肉は肝と一緒に売られているので、その肝をボウルに入れ、味噌と混ぜ合わせる。この時、手でやわらかく、やさしく混ぜ合わせることが肝心で、棒ですり混ぜたり、篦《へら》で潰すようにして混ぜたりしたのでは、脂《あぶら》がべっとりと浮き上り、食べられない状態になってしまう。その上手に混ぜ合わせた肝と味噌のタレにマンボウの肉を入れて和えれば出来上りである。それを食べると、マンボウの刺身のコリコリ、シコシコとした歯応えの中から、淡泊なうま味が湧き出してきて、そこにコッテリとした肝からのコクと濃いうま味がまとわりついて絶品である。この場合、マンボウの身のどこまでも淡泊な味と、肝の底なしなほどの濃厚なコクとうま味の対比、すなわちコントラストを味わうことが大切である。

# アワビ（鮑）の肝揉

磐城の肝揉料理の中で、最も高貴で値打ちが高いのが「アワビの肝揉」である。出来上った肝揉は、黒褐色のドロドロとした状態で、見た目にはやや食指が動かないかも知れないが、それを食べてみると誠にもって秀逸で、「カワハギの肝揉」と共に肝揉料理の王道を行くほどのものである。

貝類の王様といわれるアワビ（鮑）は、コリコリとした歯応えとほのかに磯の香を持った高級貝で、祝いの食物として神饌《しんせん》にも供されるほどのものである。その神聖な身にドロドロの肝を和えて食べるのだから、野趣満点の大珍味ということになる。

どんな動物の肝にも、栄養成分は濃縮された形で蓄積されていて、そこは食べた者にとって栄養と効能の供給源のような臓器である。アワビの肝も例外ではなく、タンパク質と体によい不飽和脂肪酸の塊のようなところで、とりわけアワビは海藻を主食としているので、その海藻の栄養素を濃縮したような栄養特性を持っている。

さて「アワビの肝揉」のつくり方であるが、先ず殻つきのアワビに塩を振り、タワシで肉の部分をよくこする。すると肉はコチコチに硬くなり、ぬめりが出てくるので水で丁寧に洗い、ぬめりを落とす。包丁で殻から肉の部分を切り離し、刺身にする。内臓の中から生肝だけを取り出し、それをすり鉢に入れてよくすり、味噌、砂糖、酢で味を調え、さらにすり合わせる。できたそのタレにアワビの刺身を絡ませ食べる。やや黄色を帯びた濃い褐色のドロドロのタレの中に、白身のアワビの刺身が浸っているのは実に野趣満点の光景だが、その一片を食べると、コリコリとした身の中からアワビ特有の優雅なうま味と上品な甘みがチュルチュルと出てきて、それを濃厚なコクを持つ奥の深い肝のうま味が包み込んで、これ以上の燗酒の肴は他にないであろうと、酒客を唸《うな》らせるのである。

Nikuyoudoubutsu no Kimo wo kuu

# 肉用動物の肝を喰う

前述した魚介類では「肝」を喰うと記述したのだけれど、ここからは肉にかかわる肝臓の話なので「レバー」と表現することにする。レバーとは動物の肝臓のことだが、動物の肝を食用にするときには「レバー」と表現することが一般的であるからである。

そのレバーは、鉄分とビタミンの宝庫である。これから主として述べる牛、豚、鶏のレバーに含まれる鉄分は「ヘム鉄」と呼ばれ、ホウレン草などの鉄分の多い野菜の「非ヘム鉄」より、体内への吸収率は五倍も高いのである。ヘム鉄は良質のタンパク質により吸収は容易となるので、レバーは鉄分補給の完全食品となるのである。またビタミン含有量も実に多く、美肌をつくるビタミンAはニンジンの約一〇倍もあり、日本人に不足しがちな「発育のビタミン」といわれ、また皮膚や髪、爪などの細胞の再生に関与するビタミン$B_2$も誠に豊富なのである。

欧米や中国では、昔から臓物を利用してきたが、日本では肉食でさえ明治時代以降に始まったので、内臓を料理して食べる文化はほとんどなかった。しかし、近年においては、街中はもちろんのこと、家庭でもよく食べられるようになってきた。価格が手軽なことや栄養成分が豊富なこと、焼くだけで食べられることなどが受け入れられたのであろう。

レバーを食べるといえば、何といっても有名なのがフランスのフォアグラである。トリュフ、キャビアと共に世界三大珍味の一つとまでいわれるレバーの食べ方の大傑作で、フランスではほかに子牛のレバーのステーキをはじめレバーを使った料理が数多くあり、またドイツではレバーソーセージが料理に欠かせなく、中国料理でもレバーはよく使う。世界中の臓物料理ではレバーが一番使われているといっても間違いはない。日本のレバーの喰い方で最も一般的なのは「レバーの串焼き」である。焼き鳥屋の暖簾《のれん》をくぐると、客が一番多く食べているのがこれで、タレをかけて皆が貪《むさぼ》っている。我が輩が愛好している東京都渋谷区渋谷二丁目の「葉隠《はがくれ》」という串焼き屋は、これが実に美味で、日本一のレバーの串焼きだと思っているほどである。

それではこれから、多くのレバー料理やその喰い方などを語るのであるが、その前にレバーを料理に使うための基本的な下処理について述べておくことにする。それは血抜きとにおい消しである。牛のレバーの場合、血抜きは必ず行わなければならない下ごしらえである。その基本的方法は、三パーセントぐらいの食塩水（水一カップに塩約小サジ一が目安）にレバーを三〇分以上浸しておき、何度も水を取り替えながら、途中で手で軽く揉むようにしてこれをよく洗い、血の赤みが出なくなるまで血抜きする。また、表面に薄い皮がついているので、指で引っぱって丁寧に除去することも大切だ。だからといって、手であまりにもゴシゴシと洗ったのでは、うま味が逃げてしまうので、軽くほどほどに、である。血抜きの時に大体の獣臭はなくなるが、それでもまだ臭みが残っている時には、牛乳に漬けておくとよく取れるし、それでもしつこい臭みは、ショウガ汁をまぶしておくと除去できる。

使うレバーによってもそれぞれに性質を異にし、牛レバーの場合、子牛にはほとんど臭みがなくそのまま調理してもよいが、壮齢から老齢の牛の場合は必ず血抜きと臭み対策を施す必要がある。最近ジビエ料理もしばしば行われるようになってきたが、例えば鹿やイノシシなどの肉は野生の臭みが強く、この場合のレバーの処理も手を抜いてはならない。

豚のレバーの場合、これも血抜きをした方が万全である。牛のレバーほど臭みは少ないので、水に晒《さら》すだけでもよいが、この場合も、あまり手で洗いすぎてはうま味が抜けてしまうので注意することだ。どうしても臭みが気になる時は、牛乳に浸すとよく取れるし、熱湯に通してもよい。

鶏レバーの処理では、少々注意しなければならないことがある。それはレバーの中央付近に緑色をした胆嚢《たんのう》がついていることで、これを潰《つぶ》すと全体が苦くなり食べられなくなってしまうのである。潰さないように注意して取り除き、胆嚢が付着していて変色しているレバーの部分もそぎ取ることである。そうしたら水に浸して血抜きをし、臭みも取る。鶏臭を鋭敏に感知してそれを嫌う人は結構多いので、そんな人のためにはさっと熱湯に通してから軽く水洗いすると血も臭みも取れる。

## ウシ（牛）のレバー

それでは、これから牛のレバーの喰い方を述べる。特に珍重されるのが子牛のレバーで、味が繊細でやわらかく、品質がよいので人気である。血抜きをしてからソテーや焼肉、煮物などにする。以前は生食もしていたが、今は衛生上の観点から行われていない。市販されているレバーは子牛のものはほとんどなく、大概は成牛であるが、何といってもレバーは味の濃い臓器であるので、上手に下ごしらえをすれば、どんな牛のものでも実に美味しく食べられる。

### 天下を取った気分になる「牛レバーのステーキ」

牛のレバーで我が輩が大好きな料理はステーキである。フランスでは最も愛好者の多い肉料理の一つといわれるが、これを実際につくって食べると、本当にレバーの美味の真髄がわかるような逸品となる。その「牛レバーのステーキ」は次のようにしてつくる。先《ま》ず先述した方法で血抜きと臭み抜きをした牛レバー（二〇〇グラム）を食べやすい大きさと厚さにスライスする。それに塩とコショウを適量振り、小麦粉をまぶしてからオリーブオイルでこんがりと焼く。フライパンにタマネギ（半個をスライス）を炒め、そこにバルサミコ酢（大サジ二）、砂糖（大サジ二）、醬油（大サジ二）、赤ワイン（大サジ二）、味醂（小サジ一）を加え、レバーを戻し入れて、全体を絡めながら照りを出して完成。意外と簡単だが誠に美味しい。

皿に盛るとレバーはとても美味しそうな赤銅色となり、全体に光沢がある。その一片を取って食べると、レバーはホクホク、ポクポクと歯に応えて、そこから実に濃醇なうま汁がジュルジュルと出てきて、それにオリーブオイルのペナペナとしたコクが加わって、今度はタマネギの甘みが被《かぶ》さって、それらをバルサミコ酢の酸味が落ちつかせ、全体を醬油のうまじょっぱみがまとめて、それでもなお口の中はずっとレバーのうま味に君臨されて、たかがレバーに脱帽するのである。

ステーキといっても実にさまざまなつくり方がある。レバーだけを焼くのでは、焼きレバー色の単色となるので変化をつけようと、彩《いろど》り野菜と共に焼くのも楽しいものである。「彩り野菜と牛レバーステーキ」は、下処理をした牛レバー（二五〇グラム）をひと口大の厚さ一センチにカット。タマネギ（一個）をみじん切りにしてボウルに取り、それにニンニク（一かけをスライス）、ショウガ（一かけをおろして搾る）、醬油（大サジ三）、酒（大サジ二）、赤ワイン（大サジ二）、味醂（大サジ三）、コチュジャン（大サジ一）を加え、そこにレバーを加えてよく和《あ》えてから冷蔵庫に二時間寝かせる。ピーマン（五〇グラム）、ニンジン（五〇グラム）、パプリカ（五〇グラム）を薄く、細長くカットしてからオリーブオイルで炒める。ボウルからレバーを取り出し、調味料と共に中火でしっかりと炒めて火を通す。底のある大きめの皿に先ず炒めた野菜類を敷きつめ、その上にレバーを盛りつけ、上から炒め汁をドロリとかけて出来上りである。

その盛りつけを見ると、お花畑の上に牛が、いや間違い、レバーが幅を利かせてデン、デンとのっていて、その光景は誠に美しさと圧巻さで面白い。ピーマンの緑、パプリカとニンジンの赤が目を引き、レバーの赤銅色もぐっと迫ってくる、誘ってくる。その厚めで大きめのレバーステーキを一枚、口の中に入れてムシャムシャと噛む。するとレバーは歯に応えてホクリ、ホクリとし、そのうちどんどん潰れていってネチャリ、ドロロとし、最後はトロロ、トロロと溶体化して、濃いうま味を残しながら顎下《がっか》に呑み下っていくのである。そこに追っかけ赤ワインをガブリンコと飲《や》り、次にさっぱりと野菜たちをシャリリンコ、シャリリンコと食べる。

本格的なプロの「レバーステーキ」は舌が舞い、頬っぺたが落ちるほど美味い。下ごしらえを済ませた牛レバー（五〇〇グラムを厚さ一センチのひと口大に切る）は水気をよく拭き取り、適量の塩とコショウをしておく。トマト（二個）は湯をかけて皮をむき、種を取り除いて乱切り、ニンニク（二かけ）は軽く潰してからみじん切りにする。バジル（二枚）は細切り。フライパンにオリーブオイル（大サジ一）を引き、レバーを入れて強火で焼く。両面に焼き色がつき、中がミディアムレア程度になった時、赤ワイン（大サジ一）をかけ、皿に取り出す。そのフライパンにオリーブオイル（大サジ一）を加えて熱し、ニンニクとバジルを炒め、さらにトマトを加えて五分ほど炒め合わせる。それをレバーの周りに配し、パルメザンチーズ（大サジ二）を振りかけて出来上り。

皿の中央にぶ厚いステーキが何枚も横たわり、その周りを赤いトマトが囲んでいる。そのミディアムレアのレバーステーキを一個口に含んで食べると、ネトリ、トロリとした歯応え。そこから例の重厚なうま味とコクとがジュルリ、ジュルリと流れ出てくる。そして鼻孔からはニンニクとバジルの快香が抜けてきて、これぞレバーステーキの喰い方の絶頂と、喜び叫んで、久しぶりのブランデーをひと舐めして、天下を取った気分になる。我が輩って単純なのかなあ、感受性が強すぎるのかなあ、レバーステーキひと口でもう天下を取った気分になるなんて、なんて思いながら独りほくそ笑む。

では「牛のレバーステーキ」の最後は、これぞステーキといった厚切りのストレートステーキを。下処理をしたレバー二〇〇グラムを二センチの厚みに切って、キッチンペーパーで水分を拭き取り、表面に塩とコショウを振る。フライパンにたっぷりめのオリーブオイルを入れ、熱めに熱して煙が出るぐらいになったらレバーを焼きはじめ、途中赤ワイン（大サジ一）を加え、両面にしっかりと焼き色がつくように焼き上げる。添え野菜はニンジン（半本）の皮をむいて輪切りにし、タマネギ（半個）はタテのザク切りに、ニンニク（一かけ）はみじん切りにしてからフライパンに入れ、バターで二〜三分手早く炒める。ブロッコリーは小房に分け、塩少々を加えた熱湯で二分ほど茹で、しっかりと水気を切って、温かいうちにバターで和《あ》える。皿にレバーを並べ、野菜を添えて、レモンを搾って出来上り。

厚切りレバーのステーキこそ素適だ。いかにもステーキ面《づら》をしている。二センチもの厚さがあると自己主張も激しいのか、「どうだ、参ったか」なんてふてぶてしい面構えをしている。我が輩はそいつの一個にフォークを刺して押さえつけ、ナイフで真ん中から二つに切り分け、そのうちの一個を口に入れてムシャムシャと嚙むと、厚きレバーはムコムコと反発してくる。さらに嚙んでいくと、そのうちに静かになってペトペトになり、そこから驚くほどの濃厚なうま味とコクとが湧き出してきた。その強いうま味は、レバーの量の多さもあって、口中をじっとりと疼《うず》かせるほどの力も備えていた。牛の腿肉《ももにく》やヒレ肉のステーキでも、牛タンもそうだが、やっぱりステーキは厚切りに限る。野獣は獲物を捕らえるや、何はさておき臓物から貪《むさぼ》りはじめる。おそらく、美味いものから先に喰う習性を備えているためだろうが、実は動物行動学者の調査では、最初に喰らいつく臓器は肝臓が圧倒的に多いということである。正肉を飽食した舌は、そのうちに肝の持つ多様な味に幻惑され、それが本能的に遺伝され、固定されたのであろう。人間社会でもそうだ。肝喰いは美食家の象徴とされるが如く、この臓器こそ食の美学の立て役者である。

## 手軽でも本格派「牛レバーの前菜」

酒呑みに言わせてもらえれば、本格的な料理はじっくり後で楽しむから、取り急ぎ酒のあて、すなわち前菜を早く出してくれないか、というのが本音である。それも、いい加減なオードブル、例えばサラミソーセージを薄く輪切りにしたものとか、チーズの盛り合わせ、あるいは柿の種や裂きイカとなると、もう食指は萎《な》える。ぜひ手を加えて、愛情深き前菜をと、勝手なことを言っている我が輩である。

そこで、いつ客が来てもOK、自分がとっさに飲みたくなっても大丈夫という前菜を我が輩はつくって備えておく。それが「牛レバーの前菜」だ。下処理の終わった牛レバー(二〇〇グラム)を、切りやすいようにラップで丸く棒状に包んで冷凍庫で半解凍の状態にする。つまりレバーの表面が凍って固くなるまで冷やすのである。次に醤油（大サジ二）、砂糖（小サジ一）、酢（大サジ一）、ゴマ油（小サジ二）、豆板醤《トウバンジャン》（少々）を混ぜ合わせて、合わせ調味料をつくる。ニラ（一束）とモヤシ（一袋）をさっと茹で、水に晒《さら》しておいてから軽く搾っておく。ニラは長さ約三センチに切り、モヤシと共に冷やしておく。長ネギ（一本）、ショウガ（一かけ）、ニンニク（一かけ）は薄切りにしてからみじん切りにする。合わせ調味料に長ネギとショウガとニンニクを加える。レバーを冷凍庫から出し、三ミリぐらいの厚さに切る。そのレバーをたっぷりの湯で茹でる。箸でかき混ぜながら沸とうしたらザルにあける。水気を十分に切ってから、熱いうちに合わせ調味料と和《あ》える。皿にレバーを取り、周りにニラとモヤシを添えて完了。

実はこの「牛レバーの前菜」は、長く可愛がっていただいた著名な編集者小石原昭《こいしばらあきら》先生（故人）に教えてもらったもので、本格的な前菜であるが、実に美味しく、洗練された料理である。我が輩に言わせれば、前菜というよりは本格料理に入るほどのもので、日本酒、焼酎、ビール、ウイスキー、ワインなど、どんな酒にも合う。

## 焼酎の絶好の肴「牛レバーとショウガのオリーブオイル炒め」

我が輩は、鹿児島大学農学部の焼酎・発酵学教育研究センターの客員教授を長くしてきているので、頻繁に鹿児島に行っている。教え子には焼酎製造会社の社長らが何人もいるので、芋焼酎と黒糖焼酎には事欠くことはなく、家の晩酌でもよく呑む。その焼酎の絶好の肴が「牛レバーとショウガのオリーブオイル炒め」である。つくり方も極めて簡単で、オリーブオイル（大サジ三）をフライパンに入れ、ショウガ（五〇グラム）の千切りを炒める。そこに下処理した牛レバー（三〇〇グラム）のひと口サイズとシイタケ（三個。石突きを取り除き、薄切りにしたもの）を加え、さらに酒（大サジ二）、砂糖（大サジ二）、醬油（大サジ二）、酢（大サジ二）の順に入れて味つけし、ひと炒めして出来上りである。芋焼酎と湯での六《ろく》四《よん》割をつくり、それをグビーッと飲《や》ってから、やおらレバーを取り、ムシャムシャと食べると、オリーブオイルで炒められたレバーから、重厚なうま味が出てきて、それをオリーブオイルのペナペナとしたコクが包み込み、そこにショウガのピリ辛が加わって美味い。それをゴクリンコと呑み込んでから、また六四を飲る。すると今度は、口に残っていたショウガのピリ辛みが六四のアルコールの辛さと重なって、口の中はジジ～ンと熱くなる。そこで、それっとばかりにレバーをムシャリンコ。めでたく芋焼酎と牛レバーは我が口の中で夫婦相愛の仲となりにけり。

## 来客の胃袋をわしづかみ「牛レバーと高菜漬けの炒めもの」

我が厨房「食魔亭」にレバー料理大好きの仲間が来るとなれば、用意するのは「牛レバーと高菜漬けの炒めもの」である。血抜きをした牛レバー（三五〇グラム）をひと口大の薄切りにし、水気を拭いてから片栗粉（大サジ一）をまぶし、それを湯で少し（五〜六分《ぶ》程度）茹でる。高菜漬け（大二枚）は一度洗ってから細かく刻む。鍋に油（大サジ二）を熱したらみじん切りのニンニク（一かけ）とショウガ（スライス二枚をみじん切りにする）を入れて炒め、香りが出てきたら高菜漬けを入れてひと炒めする。レバーを加えてさらに炒め、レバーの中まで火を通す。そこに豆板醤（小サジ一）と老酒《ラオチュー》（大サジ一）、赤ワイン（大サジ一）を回し入れ、さらにダシ汁（大サジ二）、砂糖（小サジ一）、コショウ（少々）を加え、最後に片栗粉（大サジ一）でとろみをつけて出来上りである。

高菜はカラシナ科の越年草で、コマツナやカツオ菜に近い漬け菜である。平安時代の『和名抄《わみょうしょう》（和名類聚抄《わみょうるいじゅうしょう》）』に「タカナ」の記述が見られ、すでに塩に漬けて食べられていた。今は佐賀県の有田高菜や熊本県の阿蘇高菜、福岡県の三池高菜などがよく知られており、塩漬けにして、乳酸発酵させて食べるのが高菜漬けである。漬け上げた状態の長いまま売られているものと、細かく刻んで売られているものがあるが、この「牛レバーと高菜漬けの炒めもの」は、どちらを使ってもよろしい。この漬物は、味わい深いうま味と爽やかな酸味を持ち、油で炒めるとぐっと風味が増して美味しくなる。そのため高菜チャーハンなどはとても人気がある。

出来上ったこの料理を食べると、先《ま》ずレバーからは例によって実に奥の深いうま味と幅のあるコクが出てくるのであるが、これまで述べたレバーの料理にはない、とてもすっきりとする味わいがある。それは高菜漬けから来る酸味のためで、これがレバーの濃厚なうま味をマイルドにしてくれるのである。また、鼻孔からは、高菜漬けの牧歌的発酵香が抜けてきて、これまたレバーの美味しさを相乗的に滲出《しんしゅつ》しているのである。そのため、「食魔亭」を訪れた牛レバー大好き客は、レバーと高菜漬けとの相性に取りつかれ、三五〇グラムのレバーを独り占めしてしまうのである。

## 気分は大阪のミナミ「牛レバーの唐揚げ」

肉の唐揚げといえば、相場は鶏に決まっているが、実は牛のレバーもなかなかのものである。ビールにも合い、またウイスキーのハイボールといった気軽な酒の肴にとてもよい。そのつくり方の前に、「からあげ」についてちょいと講釈しておく。「からあげ」というと

「空揚げ」と「唐揚げ」と書くが、この違いを調べてみると、「空揚げ」とは油炒めの一種で、コロモ（衣）をつけないで小魚やエビなどを油だけで揚げたものだという（『飲食事典』、平凡社、本山荻舟《もとやまてきしゅう》著）。これに対し、ある『食辞林』では「唐揚げ」とは衣揚げの一種で、肉類や魚などに下調味をした後、デンプンあるいは小麦粉をまぶして油で揚げたものだという。しかし、今は『広辞苑』（岩波書店）では「空揚げ」で立項しており、「『唐揚げ』とも書く」としている。そしてその意味は「小魚・鶏肉などを、衣をつけずに、あるいは小麦粉・片栗粉などを軽くまぶして油で揚げること。また、その揚げたもの」としている。つまり、あまり真剣に考えずどちらを書いてもよいということである。そこでここでは「唐揚げ」と書くことにする。

さて、その「牛レバーの唐揚げ」のつくり方である。血抜きしたレバー（五〇〇グラム）の水気を拭き取り、ボウルにショウガをすりおろし（一かけ）、ニンニクのすりおろし（一かけ）、醤油（八〇ミリリットル）、酒（三〇ミリリットル）、ダシ汁（二〇ミリリットル）、赤ワイン（大サジ一）を入れ、そこにレバーを入れてよく揉み込む。レバーを取り出して片栗粉（半カップ）をまぶし、中温でカリッと揚げて終了。

このレバーの唐揚げを器に盛り、ちょいとひとかじりして塩味が不足ならパラパラと振り、さらにコショウを振っていよいよいただく。それを食べると、衣が歯に応えてサクサクとし、中のレバーはホクホクとし、そこから美味汁がジュルジュルと湧き出してくる。レバーからの濃厚なうま味と揚げ油からのコク、醤油のうまじょっぱみなどで、それが口の中で融合し、丸く一つにかたまって、顎下《がっか》にコロロと転がって胃の腑に納まる。そこで冷たいビールをグビー、グビーと飲んで、またかじる。唐揚げは、どうしてこんなにビールに合うのかあ、と思いながらも、あとはレバーの唐揚げをガブリンコ、ビールをグビリンコと、時は流れる。すると、ちょぴっと考えた。ビールもいいが、この先はウイスキーのハイボールで行くか。たまたま角ハイボールの濃いめとかいう缶が冷やしてあったので、冷蔵庫から何缶か取り出してきて、プシュッと栓のような蓋を抜きコップに注いで飲んだ。とたんに今度は、口の中でサーッと空気の玉のようなものが激しく弾き合い、それをガブリンコと飲み込んで、さっぱりとしてからまたレバーの唐揚げをかじった。すると、我が輩はなんだか急に通天閣のお膝元、大阪ミナミのジャンジャン横丁の串カツ屋の横長テーブルに陣取って「なんやらええ気分とちゃうか」なんて言ってるような錯覚に陥ってしまった。

## 秀逸な旨さ「牛レバーカレー」

「牛レバーカレー」というのも秀逸だ。トマト（二個）は皮を湯むきして種を取り、みじん切りにする。バナナ（一本）とタマネギ（半個）はみじん切りする。鍋にバター（三〇グラム）を熱してタマネギを炒め、しんなりとしたらトマトとバナナを加える。水気がなくなるまで弱火で煮て、塩とコショウで味を調える。レバーは水気を拭き取り、塩をしてからカレー粉（大サジ二）を全体にまぶし、フライパンにバター（三〇グラム）を熱してそこで焼き、全体に火が通ったら取り出す。レバーを取り出した後のフライパンにブイヨン液（固形スープの素半個を二〇〇ミリリットルの水に溶く）を加え、フライパンの底についたうま味をこそげ取り、全体が三分の一の量になるまで強火で煮詰める。そこに生クリーム（一五〇ミリリットル）を加え、再度塩とコショウで調味し、アサツキのみじん切り（大サジ二）を散らし、ソースとする。大きめの凹んだ白磁のカレー用皿に、トマトとバナナのバター煮を中央に敷き、その上にレバーを盛り、上からソースをたっぷりとかけて完成。

この牛レバーカレーの盛りつけを見ると、誰もがはっ！　と息を呑むほどに美しい。まっ白い皿の中央に、赤銅色のレバーがかたまり合っていて、その下には黄金色のカレーソースが敷かれていて、そのあちこちにトマトの赤が点在し、全体をソースの淡黄色がやさしく被《かぶ》さり、その全体に緑色のアサツキが散っている。何と美しい景観か。豊臣秀吉が醍醐寺の花見で感激したあの光景はこんなものかも知れない、とは誠に大袈裟だが、それにしても綺麗だ。

ナイフを右手に、フォークを左手に握り、先ず一個のレバーを二つに切り、その一方を口に含んで噛んだ。すると瞬時に、鼻孔からカレーの香辛料のシャープな快香が抜けてきて、口の中ではレバーがモコリ、モコリと歯に応え、そこから重厚なうま味とコクが流れ出てくる。そこにカレーの辛みが快く絡まり、さらにタマネギとバナナなどからの甘み、バターや生クリームからのコク味などがのっかってくるものだから、それはそれは絶妙であった。ドロリと底に侍《はべ》るソースも秀逸で、とにかくもってこの牛レバーカレーは、予想を遥かに上回る美味しさだった。

## 美しく雄々しき姿「牛レバームース」

「牛レバームース」も美味であった。「ムース」とはフランス語で「泡立てた」とか「ふわふわした苔《こけ》」という意味で、そのような感覚のクリームをさすという。口当たりが滑らかで、ふんわりした感じの料理につけられる名前で、魚介類や鶏肉、子牛肉、レバーなどが用いられる。フランス料理では「レバームース」はワインの前菜として人気があり、多くは鶏のレバーが使われるのだけれど、酸味と渋味をヘビーに持つ重厚な赤ワインには牛レバーを指名する人もいる。つくるのに少々の手間はかかるものの、出来上った美味しいムースを楽しんで味わうことを考えれば苦にはならない。

血抜きしたレバー（二五〇グラム）とニンニク（一かけ）、パセリ（みじん切り小サジ一）、タマネギ（みじん切りを一〇〇グラム）、トマト（水煮をみじん切りにして五〇〇グラム）を用意する。レバーの水気をよく切り、ひと口大に切って、ブランデー（五〇ミリリットル）を全体に振りかけ、三〇分ほど置く。牛脂の塊（一〇〇グラム）をできるだけ細かに切る。レバーには脂肪がほとんどないので、これで補うことになり、レバーのうま味にさらなるコクをつける役割をする。レバー、牛脂、卵（二個）、パン粉（七〇グラム）、赤ワイン（二〇ミリリットル）をミキサーにかけてクリーム状にし、ボウルに移して、それにパセリ、ニンニク、生クリームを加え、塩、コショウをして味を調え、レバームースとする。プリンカップの内側に溶かしたバターをたっぷりと刷毛《はけ》で塗る。そのカップにレバームースを七〜八分目まで流し込み、トントンと落として中の空気を抜く。それを湯せんにかけ、一五〇〜一六〇℃のオーブンで三〇分間焼く。プリンカップは耐熱ガラスまたは耐熱陶器、あるいはステンレス製など耐熱性のものを使うこと。焼き上ったムースを取り出す時は、カップの周囲に包丁を入れ、湯の中にカップの底をつけると容易に出しやすい。大形の底が凹んだ白磁の皿の中央に型から外したムースを盛り、その上からソースをトロリとかけ回す。ソースはサラダ油でタマネギを炒め、次にトマトを加えてから水分がなくなるまで煮、それを裏《うら》漉《ご》しして塩、コショウで味を調える。

見よ、この美しき牛レバーのムースの雄々しい姿を。皿の中央に、赤富士の絵の如く堂々と赤に染まった台形のムース。その頂上あたりにスプーンを入れてスーッとすくい取り、口に運んで味わった。ムースは、口の中で滑るようになめらかに広がり、トロリとして何ら噛む必要もない。おやや？ この味と舌の感触、何かに似ているぞ、としばし考えたところ、はっ！ と思いついたのがあのフォアグラであった。ときどきフォアグラの料理を食べるが、ひょっとするとこっちのレバームースの方が味は濃厚でコクも数段上ではないかと我が輩は正直思ったほどである。

## イギリスの家庭料理「牛レバーのオレンジソース焼き」

ちょいとお洒落《しゃれ》な料理に「牛レバーのオレンジソース焼き」がある。血抜きした牛レバー（四〇〇グラム）を八枚に切っておく。オレンジ（二個）はよく洗って四ミリの厚さに輪切りにして四枚とる。端の方の余った表皮の黄色い部分はすりおろして大サジ一をとる。四枚とった後の余ったオレンジは搾ってジュースをカップに一三〇ミリリットルとる。足りない時は水を足して一三〇ミリリットルにする。ニンニク（一かけ）は薄切りにする。レバーは水気を拭いてから塩（小サジ一）、コショウ（少々）を振り、小麦粉を薄くつける。フライパンにオリーブオイルを熱してニンニクを炒め、香りが出たらレバーを並べ入れ、中火で両面をこんがりと焼く。フライパンからレバーを引き上げ、そのフライパンに白ワイン（大サジ三）を入れて強火で煮立て、オレンジジュースと皮を加え、塩とコショウをしてから火を弱め、中火でトロトロになるまで煮る。そこにコーンスターチ（小サジ二）を水（小サジ二）で溶いたものをかき混ぜながら加えてとろみをつけ、レバーを戻してトロ火で二分間温める。別に小さなフライパンにバター（大サジ二）を溶かし、輪切りのオレンジを並べ、グラニュー糖（小サジ一）を加え、フライパンを揺すりながら焼き、両面に薄い焼き目をつける。温めた大きめの凹んだ皿にレバーをソースごと盛り、焼きオレンジをのせ、溶かしバターも少量かけて出来上り。

この料理は、温かいうちに食べることが大切で、そうすると、レバーがとてもやわらかく、その上、オレンジの香りか芬々《ふんぷん》として絶妙である。またこのオレンジソース焼きは、これまでの料理と違って、甘い味でレバーを食べるということになる。はじめは一体どんな味がするのかと少々心配したが、それはとんでもない間違いで、焼きオレンジの周りにべっとりとついている溶けたバターとグラニュー糖は、レバーの濃いうま味とコクに実によく合うのでびっくりしたのである。また、実際につくってみると、こんがりと焼かれた黒褐色のレバーに黄金色のオレンジソースがトロリとのり、そこにこれまた濃い琥珀《こはく》色の輪切りのオレンジがのっているのには、実に洗練された料理であることがうかがい知れた。調べてみると、この料理はイギリスの家庭でよくつくられる総菜料理だということである。

## ご飯との相性抜群「牛レバーのシチュー」

「シチュー」というのは、肉や魚野菜などを汁の中で煮込んだ煮込み料理である。フランス料理では用いる肉の種類により呼び名が変り、牛肉では「ドーブ」、子牛の肉では「ブランケット」、羊肉では「スレー」または「アリュー」、鶏肉では「フリカッセ」などというそうである。世界中でこの類《たぐい》の料理はつくられていて、材料は肉だと牛、豚、鶏、鹿、ウサギ、羊などで、内臓ではレバーが最も多く使われている。野菜ではタマネギ、ニンジン、セロリなどがあり、また魚介類では白身魚を中心に貝類やエビ、カニなどである。「牛レバーのシチュー」をつくってみたが、これは酒の肴というよりはご飯やパンのおかずに最適だった。血抜きした牛レバー（三五〇グラム）を五ミリの厚さに切り、水気をよく拭き、小麦粉（大サジ一）をパッパッパッパとつける。タマネギ（一個）とニンジン（一本）は皮をむいて薄切りにする。フライパンにバター（大サジ一）を溶かし、そこで牛レバーを褐色になるまで炒め、タマネギを加えてさらに炒める。深鍋にニンジンを入れ、牛レバーと炒めたタマネギを加え、そこに温めたスープ（固形ビーフスープ二個を四〇〇ミリリットルに溶かしたもの）を加え、酒（大サジ二）と赤ワイン（大サジ一）を入れ、ごく弱火で三〇分間蒸し煮し、最後に塩とコショウで味を調えて器に盛り、上からグリンピース（缶詰大サジ二を湯で洗ったもの）をパラパラと撒いて終了。

これを盛りつけたものを一見すると、おそらく大抵の人は「ハンバーグステーキだ！」と声をあげるであろう。それぐらい酷似しているのであるが、食べてみると、その重厚なうまさとコッテリとしたコクに驚かされ、またハンバーグのように歯にグシャグシャとするのではなく、ホコリ、ポクリと応えるので、そこでやっとハンバーグステーキにデミグラスソースをかけたものではないと気づくのである。そのホコリ、ポクリからレバーのコクのあるうま味がジュルジュルと出てきて、それをソースのトロリとする滑らかなうま味が包み込んで実に美味い。これはご飯にも合うぞと、ご飯茶碗に温かい飯を盛り、その上にレバーを一枚のせて喰った。真っ白い飯にソースの赤褐色がべっとりとつき、その上に同じ色のレバー。ソースのついたレバーを噛み、追っかけるようにして飯を噛むと、口の中でレバーのうま味と飯の甘みとが絡み合って、それまでに味わえなかった新たな美味しさが漂ってくる。我が輩は、さすがに飯の底力はすごいものだと、あらためて感銘したのであった。

## ブタ（豚）のレバー

ブタ（豚）の祖先であるイノシシは、アジアやヨーロッパに広く分布し、世界各国で古くから食用とされていた。新石器時代の定着農業と共に、イノシシが家畜化され、中国では紀元前二二〇〇年ごろにはブタの飼育が見られ、古代ギリシャでも同じころハムなどの加工食品もつくられていた。日本では、縄文・弥生時代の貝塚からイノシシの骨が出土しているが、いつから家畜化されたかについては不明である。沖縄地方では、中国との交流が古くからあったので、ブタは比較的早く飼育されていた。その日本でブタ肉が普及したのは明治時代中ごろからである。

ブタ肉はタンパク質が二〇パーセント近く含まれ、必須アミノ酸もバランスよく含むため、極めて優れたタンパク食品だといわれている。脂肪分も多いが、リノール酸などの不飽和脂質も多く、コレステロール値も低いとして、健康的な肉のイメージも高い。勿論、ビタミン群も豊富で無機質も多い。

臓器は大変利用価値が高い。市中の焼き鳥屋で串焼きにして出される臓器は大概がブタのもので、そのため「焼き鳥屋」だが「焼き豚屋《とんや》」という名で商売している店も少なくない。串焼きに出てくる愛称は全て臓器で、「レバー」は肝臓、「ハツ」は心臓、「マメ」は腎臓、「ガツ」は胃袋、「ヒモ」は小腸、「ダイチョウ」は大腸、「タン」は舌、「トンソク」は足、「コブクロ」は子宮などである。

ブタのレバーにはタンパク質が二一パーセントも含まれ、脂肪は三・六パーセントしかなく、牛の肝臓より色が薄く、クセは少ない。うま味は牛に比べやや乏しいが、むしろ淡泊なところが料理に好まれる向きもある。

ブタのレバーの食べ方で最も身近なものは、焼き鳥屋の「レバーの串焼き」であろう。我が輩もそのような店によく行くが、最初に必ず注文するのが「レバーの塩」と「レバーのタレ」である。そして出されると、先ず塩からいただく。塩味であると、レバーの持つストレートの味を賞味できるからである。確かにちょいと獣臭《けものしゅう》を感じないわけではないが、それがまた我が輩にはたまらないのである。何せ、小さい時から阿武隈高地でイノシシの肉や内臓を食べさせられた履歴があるので、獣のにおいはむしろ食欲をうながす調味料のようなもので、我が故郷《ふるさと》の香りのような親しみを感じるのである。これがタレ焼きであると、その香りが消されて代りに煙りのにおいとなり、何となく面白くない。

この小さい時の食の履歴というものは、ずいぶんと長く続くものである。我が輩は琉球大学の客員教授を十数年もやっていて、沖縄に行くことは毎年七回か八回。そして、あちこちでいろいろなものを食べているのであるが、その中でよく食べるのが「ピージャーヌチーイリチー」という料理。「ピージャー」とはヤギ（山羊）、「チーイリチー」とは「血を入れた炒めもの」、すなわち「ヤギの血入りの炒めもの」という郷土料理である。ヤギの肉には、個性の強いにおいがあり、とりわけ血には強烈な臭みがあり、すなわちそれがヤギの獣臭である。おそらく多くの人はウエーッと反応して吐き出すかも知れないが、我が輩はこのにおいは大好きなのだ。それは、子供の時に、ヤギの乳を飲み、ヤギの肉を食べた経験があり、欠食児童の当時の子供たちにとって、これほど美味しいものはないと、臭み共々貪《むさぼ》っていたからである。何もヤギだけでなく、クジラやイルカにも臭みがあるが、それをいつも食べさせられた我が輩たちは、ある意味で幸せだったのだ。だから、焼き鳥屋のレバーの塩焼きに、ノスタルジーを感じないはずがなく、とにかく塩からいくのである。

次に串レバー焼きのタレだ。これは塩に比べると確かに美味い。甘いし、ポクポクとしてすばらしい。辛い焼酎だって、口の中を穏やかにしてくれるので酒がどんどんいってしまう。塩串とタレ串のレバーの違いは味やにおいだけではなく、口に入って噛んだ時の歯応えもある。塩の方はやや硬めでホクホクとするが、タレの方はネトネトとしてとてもやわらかい。我が輩はある時、塩とタレの串のレバーを交互に食べて焼酎を飲んだことがある。先ず塩の方のレバーを一個コロリと口に入れて噛み、その味を楽しむ。そして焼酎をコピリンコしてから今度はタレ串のレバーを一個コロリと口に入れて噛んで、そのうまさを味わう。そして、すぐにまた焼酎をコピリンコ。実はこうすると、何だか飲んでいる時、いつも新鮮な心持ちになれるというか、焼酎をはさんで前後に塩味のレバーとタレ味のレバー。その都度、味が変って楽しめるのである。

豚のレバー料理といえば、誰もが知っているのは、「ニラレバ炒め」（「レバニラ炒め」という人もいる）であろう。勿論、牛レバーでも鶏レバーでもつくられるのだが、街の中華料理屋の多くは豚レバーを使っているということだ。我が輩は、中華料理屋の大衆料理の中で一番好きなのがこのニラレバ炒めで、その証拠に次の二編のエピソードを紹介しておく。この二編を読んでいただくと、いかにニラレバ炒めが好きなのかを知っていただけると思う。

## 「ニラレバ炒め」に舌ったけ

料理の時、ニラ（韮）という食材ほど相手を選ぶものも珍しい。人間界でいえば、「人見知り」の強すぎる野菜だ。しかし、その性格を逆手に取って相手を選ばせると、これ以上の美味な野菜はない、といったくらいに大ブレイクするから頼もしい。

その最もいい例は、レバー（牛豚鶏などの肝臓）との相性だろう。街の中華料理屋に入れば、必ず定番のメニューに「ニラレバ炒め」というのがある。あれは、まったく美味しいですねえ。血抜きしたレバーを、ニラと共に（少しモヤシやニンジンなどを加えることもある）油で炒めたものだが、ニラはレバーの獣臭を消して、甘みをつけ、そして自らレバーのうま味を吸収し、実に美味しくなる。

勤めていた大学の近くに小さな中華料理屋があって、時々そこに行って、「ニラレバ炒めライス」を楽しんできたのだが、いつ行っても美味しく、裏切られたことはなかった。丼《どんぶり》に炊き立ての飯が盛られて、その脇に「ニラレバ炒め」を盛った皿がある。この店の嬉しいのは、ニラとレバーの量が実に多いので、腹いっぱい味わえることだが、味も大層よろしい。先ず、飯をひと口、口に入れてから、それを追っかけるようにすぐにニラレバ炒めを箸で取り、口に含む。

ムシャムシャ噛むと、油で炒められたニラのにおいは香ばしく、口の中では飯とニラの甘みが一体となり、そこにレバーの濃厚なうま味がヌメッとした滑らかな感覚で迫ってくる。とりわけニラのシコシコした感触に、レバーのコリリ、トロリとした対照的な感覚が実によく、そこに飯のフワリ感が割り込むので絶妙となるのである。

丼の飯も半分以上食べ、ニラレバ炒めも少し残って、皿の底には炒め汁が溜《た》まったところを見計らって、いきなり丼飯の上からそれをぶっかけるのである。すると今度は、飯の一粒一粒がニラレバ炒めの総合美味に染められて、それまでに味わえなかった新たなニラレバ炒めの境地を知ることができるのである。

ニラと卵がよく合うのも、昔からの料理を見るとよくわかる。ニラの吸い物は多くの場合、卵とじが常識だし、中華料理風のカニタマにもニラを入れることが多い。実は先日、豚肉と白菜の鍋をやった後、鍋に残った汁に飯を入れて雑炊にした。その時、ニラのみじん切りも加え、最後に鶏卵でとじたものを食べたらば、それまでの雑炊とはひと味もふた味も違う風味が出てきて、ニラはこんなに底力があるものかと、あらためて見直した次第だ。

## レバーとニラに魅せられて

「ニラレバ炒めライス」。これがことのほか大好きなので、昼飯時に中華料理屋に入ると決まって注文する。昔から料理には相性というものがあって、例えばカモ肉にネギ、ゴボウとドジョウ、カツオにショウガなどは有名であるが、ニラとレバー（牛や豚や鳥の肝臓）の組み合わせも大したものである。

アルマイト製の盆にのせられジャジャーンと出て参りましたのが、平皿に盛られたニラレバ炒めと丼飯と味噌汁とお新香（大体はたくあん漬け）。「いただきまあす」。味噌汁を啜《すす》り、いきなりニラレバ炒めに箸をつけずに、はやる心を抑えつつ真っ白いライスの方を食べたりする。と、やおらニラレバ炒めに箸を入れて、ニラとレバーをむんずとはさみ取って口に入れる。

ニラのシコシコ、レバーのヌメヌメとしたクリーミーさ。レバーから溶け出てきた濃いうま味と、ニラから湧き出した上品な甘み、双方から放たれる野生のにおいが重なって、呑み込むのも惜しいほどの複雑なうまさが口の中に充満する。ニラレバ炒めとライスを半分ぐらい喰ってから、何を思ったか、飯の上からニラレバ炒めをぶっかけて、あっという間に「ニラレバ炒め丼」にしてガッツガッツとかっ込むのでありました。

ニラとレバーの取り合わせは横浜あたりの中華料理屋で編み出されたのだろうと思っていたらば、先日沖縄の宮古島に行った時、「豚肝とニラのお汁」という料理があるのに出合い、嬉しかった。豚の肝を洗って縦に切り目を入れ、アクを取り除きながら弱火でゆっくり煮て、一度肝を引き上げてから食べやすい大きさに切り、湯に戻して塩味をつけ、ニラを入れて熱いうちに食べる汁であった。レバーの獣臭《けものしゅう》が消えてニラの風味がレバーの品格をよくし、実に落ちつきと風格ある味になっていた。宮古島では病後の人の養生食として重宝されてきたという。沖縄には「肝とニラのみそチャンプル（炒めもの）」というのもあって、泡盛の肴にしたり飯のおかずにすると、あまりのうまさにしばらくこの南国を離れられなくなるほどだ。

ニラは中国で最も古い野菜の一つで、中華料理には欠かせない香菜であった。昔から豚肉を最も多く消費する中国では、豚肝の食べ方にも長けていたので、ニラとレバーの相性は中国から琉球を経て日本に伝わってきたのかも知れない。

## 食欲をそそる天然美色「ニラレバ炒め」

さて、そのニラレバ炒めの美味しいつくり方を述べる。血抜きし、薄皮を剝いだ豚レバー（三〇〇グラム）をひと口大に切り、ショウガ（一かけ）とニンニク（一かけ）のすりおろし、酒（大サジ二）、醤油（大サジ二）を合わせたものに二〇分間漬ける。ニラ（一〜二束）は三センチの長さに、ネギ（半本）も三センチの長さの千切りにする。ボウルに卵（二個）を割り入れ、砂糖（小サジ一杯半）、塩（小サジ半分）、コショウ（少々）を加えて溶きほぐす。中華鍋を熱し、大サジ二のサラダ油を入れ、卵を流し、粗めの炒り卵をつくり皿に取る。中華鍋に再びサラダ油（大サジ二）を入れて熱し、漬けておいたレバーを炒め、ニラとネギを加えて手ばやく炒め、炒り卵を加えて出来上りである。このニラレバ炒めをつくる時の秘訣は、できるだけ強火で手ばやく行うことである。

そのニラレバ炒めを器に盛ると、レバーの褐色にニラの緑、卵の黄色などで美しいのであるが、ちょっと気になるのは、町の中華料理屋のニラレバではあまり見かけない卵入りであることだ。実は卵を入れると、見ためが美しいばかりでなく、全体の味をマイルドにしてくれて、レバーの強いうま味を卵の淡いうま味が和らげるのでよろしいのである。レバーのポクポク、ニラのシャリキ、シャリキ、卵のフワワで最高だ。

中国風のニラレバ炒めは「炒肝韮菜《シャオガヌチュウツァイ》」。下処理をした豚レバー（二五〇グラム）を厚さ三ミリ、幅五センチの長さに短冊切りし、水気をよく拭き取り、それに紹興酒《シャオシンチュウ》（大サジ二）、ショウガの搾り汁（小サジ一）、片栗粉（大サジ一）を加えてまぶし、熱湯に入れて五〜六分《ぶ》どおりに茹で、ザルに上げる。ニラ（黄ニラ五本と大葉ニラ五本）は四センチの長さに切り、生シイタケ（二個）は軸の下の方（石突《いしづき》）を半分切り捨ててから薄切りにし、ニンニク（一かけ）とショウガ（一かけ）はみじん切りにする。中華鍋にゴマ油（大サジ二）を引き、ニンニクとショウガを炒め、香りが立ってきたらレバーを入れて強火で手早く焦げ目をつけて炒める。そこにニラとシイタケを加えて炒め合わせ、水溶き片栗粉（大サジ一）を入れて大きく混ぜ合わせ完成。黄ニラとは、日光を当てずに軟化栽培したニラのことで、黄金色に輝いて美しい。大葉ニラは中国東北部から日本に伝来してきたニラで、街で売られている一般的なニラはこの品種である。

やや明るい褐色に染まった豚レバーに、それを幾分淡くしたようなシイタケの薄切り、それらをニラの緑色と黄金色とが引き立てて、何と食欲をそそる天然美色であろうか。ニラのシャキシャキ感、シイタケのシコシコ感、そして主役のレバーのホコホコ、ポクポク感。そこにはニラからの甘み、シイタケからのうま味、レバーからの濃厚なうま味とコクとが一つになって融合し、頬落舌躍《ほうらくぜつよう》の世界があった。そして、我が輩はこのニラレバ炒めを、丼に盛った温かい飯《めし》の上にぶっかけて、「ニラレバ丼」にもしたところ、その食欲の昂《たかぶ》りはすさまじく、あっという間に丼は底をさらけ出した。

## 沖縄の宮廷料理に使われた豚レバー

沖縄は豚を食べる歴史が大変古いから、豚の解体から料理の仕方まで多くの知恵や工夫、発想が込められて、文化として確立されてきた。豚一頭を丸々扱って、捨てるところはほとんどなく、実に理に適った方法で利用してきた。その一例が「中身の吸い物」で、中身とは豚の臓もつのこと。大腸、小腸、胃などが入った吸い物で、これが実に美味しい。それ故に、肝臓を主材にした料理も多く、中には琉球料理の礎である宮廷料理の薬膳の中にも肝はよく使われているのである。

その料理の一つが「チムシンジ」(豚レバーのお汁)である。「チム」はレバーのこと、「シンジ」は煎《せん》じるの意。つまり豚のレバーをニンニクやニンジンなど滋養を備えた材料と煮合わせ、煎じてさっぱりとした澄まし汁仕立てにしたものである。体調を崩した時や疲れが出た時、風邪感冒に罹《かか》った時などに食べる料理である。

つくり方は、血抜きを終えた豚レバー(二〇〇グラム)をひと口大のそぎ切りにする。ニンジン(一本)は皮をむき、五ミリの厚さに斜め切りにし、ニンニク(二かけ)は皮をむいて洗っておく。ジャガイモは皮をむき、ニンジンより少し大きめに切る。鍋に豚肉(赤身二〇〇グラム)、ニンジン、ニンニク、水(九カップ)を入れて強火にかけ、煮立ったらアクを取り除き、弱火で三〇分間煮込み、レバーとジャガイモを加え、さらに二〇分煮る。そこにニンニクの茎（三センチの長さに切ったもの）を適宜加えて出来上りである。ニンニクの茎の代りにニラで代用してもよい。

澄んだお汁の中に、豚レバーと豚肉とが上品に入ってそれを取り囲むように、ニンジンやジャガイモ、ニンニクの茎が入っている。先ずスープを飲むと、豚肉とレバーから出てきた出汁《だし》のうま味が口中に広がり、飲むほどに力漲《みなぎ》り、精がつくような感覚に陥る。まさに琉球料理の真髄たる「薬食同源」の世界だ。「薬食同源」とは、中国の食思想「医食同源」から派生した教えで、その真意は「病気になってからでは遅い。食べものは薬なのだから、病気にならぬよう、いい薬（食べもの）を摂取しなさい」というものなのである。

また沖縄には「豚レバーとニンジンの吸い物」もある。今述べた「チムシンジ」と似ているが、つくり方や味つけがやや異なる。豚レバー（一五〇グラム）をひと口大に切り、さっと湯がく。鍋にカツオ出汁（五カップ）を入れ、豚レバー、乱切りのニンジン（一本）、千切りのシイタケ（三枚）を入れ、弱火でニンジンがやわらかくなるまで煮る。そこに千切りにしたショウガ（一〇グラム）とすりおろしたニンニク（一かけ）、味噌（小サジ一）を加え、最後に塩と醬油で味を調え、ニラ（四センチの長さに切ったもの三〇グラム）を加え、ニラがしんなりしてきたら出来上り。

## 「豚正月」の定番料理「チムマチ」を味わう

沖縄は旧正月。本当によく豚肉を食べるなあ、とわかるのは、その正月を「豚正月」と呼ぶほど、旧正月の料理には豚肉を使うのである。中でも臓物料理は人気もあり、さまざまな料理法があるが、特に豚レバーは正月の縁起物とされて、旧正月には定番料理となっているのである。

その料理名は「チムマチ」。「チム」は肝臓、「マチ」は「巻く」、つまり「肝巻き」という料理である。沖縄では「チム」は「心」の意味合いを持ち、正月の年取りの神様ヒヌカン（火の神）にチムをお供えして、「家族の心が善《よ》きものとなりますように」と家庭愛和を祈るのである。

「チムマチ」のつくり方は次の通り。血抜きした豚レバーを短冊型に切り分ける。豚の網《あみ》脂《あぶら》（内臓の周りについている網状の脂肪のことである。肉をソテーやローストする時に、網膜で包んでおくと、パサつかず、しかも脂のうま味が乗って美味しく仕上る）をレバーを包む大きさに切り分ける。レバーを網脂でラッピングするように包み、楊枝《ようじ》を刺してとめる。次に蒸し器を火にかけ、蒸気が出てきたらレバーの網脂包みを並び入れ、そのまま強火で二〇分蒸す。照り焼きのタレ（醤油と味醂を大サジ三、砂糖と酒を大サジ二合わせたもの）をフライパンに入れ、軽く沸とうさせる。蒸し器から出した豚レバー包みの楊枝を抜いてから、そのフライパンで煮るようにして絡め、最後にショウガの搾り汁を少々振りかけて出来上りである。豚の網脂なんて聞いたことがない、という人が大半であろうが、市場などの肉屋に行けば置いてあることが多いので、レバーを購入する時、聞いてみるとよい。

この「チムマチ」は旧正月に皆が集まる時、ヒヌカンの神へ神饌《しんせん》として供え、集まった者もそれを食べて直会《なおらえ》（神と共に食べること）をするのであるが、御神酒《おみき》上らぬ神はなしで、その時は必ず泡盛が出る。この泡盛と「チムマチ」とは大変相性がよく、「チムマチ」の驚くほど重厚なうま味とコクに、南国の火の酒・泡盛の辛さがピタリと重なって、泡盛はどんどんといってしまうのである。

## 代表的な家庭料理「豚レバーの味噌汁」

沖縄ではレバーがずいぶんと家庭料理に持ち込まれる中で、その象徴たるものが「豚レバーの味噌汁」である。我が輩も知人の家でよくご馳走になったが、これがとてもコクとうま味があり、啜《すす》っていると体が温《ぬく》もり、どこか力が湧いてくるようでやみつきとなり、今でも我が厨房「食魔亭」でときどきつくっては楽しんでいる。レバー（血抜きしたもの二

○○グラム）をひと口大にスライスしてボウルに入れ、薄切りにしたニンニク（一かけ）と泡盛（五○ミリリットル）を加え混ぜ合わせ、その上に食べやすい大きさに切ったニンジン（半本）とタマネギ（半個）をのせ、ラップをして一晩冷蔵庫に寝かす。翌日、鍋に水（一・二リットル）と一晩置いたレバーと野菜を入れ、さらにジャガイモ（二個の皮をむいて一センチの厚さに切る）と大根（半月切り七○グラム）を加え煮る。アクが出たらその都度取り除く。材料が炊けたら、粉末ダシの素（適宜）と味噌（八○グラム）を入れて溶かし出来上りである。

## 豚のレバーの「スーチカー」

沖縄には「スーチカー」という肉の保存法および食べ方がある。「スーチカー」とは塩漬けのことで、通常は豚の三枚肉（六○○グラム）に塩（五○グラム）を全面にすり込んでポリ袋に入れる。水が出てくるのでときどき取り除き、四～五日間冷蔵庫に漬け込んでおくと出来上るもので、魚でいえば「塩ブリ」に似ている。その食べ方は、塩を洗い流して水気を拭き取ったものを、そのまま薄く切ってフライパンでさっと焼いて、酒の肴やご飯のおかずにする。あるいは塩を洗い流してから三○分ほど茹で、そのまま冷ますとハムやベーコンに似た風味になるので、チャンプルー（炒めもの）やサラダに使ったりする。

ところが、この「スーチカー」を豚のレバーでつくっている人もいるのだ。豚の生レバーに塩をして何日か冷蔵庫の中で寝かせ、その間に出てくる水を取り除き、かなり水が出ると少し固まってくるから、それを鍋で煮てそのまま食べたり、料理の材料に使ったりしているという。我が輩はまだつくったことがないが、一度挑戦してみる価値はある。

その沖縄には、ほかに「豚レバーの唐揚げ」や「豚レバー入り麻婆豆腐」、「豚レバーとモヤシのチャンプル」、「豚レバージャーキー」（豚のレバーをスライスしてジャーキーにしたビールのつまみ）、「豚レバーの味噌炒め」、「豚レバーカツ」、「豚レバーとカブの赤ワイン煮」、「豚レバーのカレー」、「豚レバーの南蛮漬け」、「豚レバーのすき焼」、「豚レバーとモヤシのエスニック風炒め」、「豚レバーの甘辛煮」、「豚レバーコロッケ」、「豚レバーのパテ」など枚挙にいとまがないほど豚レバー料理があった。これらの料理は全て、那覇市内の居酒屋で出しているメニューを我が輩が調べあげたものばかりである。

## 異国情緒に溢れた風味のレバー料理

沖縄の豚レバー料理の話はこれぐらいにして、再び全国的料理に戻る。「豚レバーのカレー揚げ」は実にさっぱりしていて美味である。血抜きして下処理の済んだ豚レバー（四

○○グラム）を八個に切り分け塩、コショウをして下味をつける。レバーにベーコン（八枚）を巻き、カレー粉（小サジ一）をまぶし、その上に小麦粉（小サジ一）をまぶす。揚げ油を用意し、レバーを揚げる。揚げ過ぎてカリカリにならないよう注意して揚げること。タマネギ（一個）とピーマン（二個）は千切りにしてフライパンで炒め、塩とコショウで味を調える。器に揚げたてのレバーを盛り、その脇にタマネギとピーマンのソテーを添えて終了。

このレバーのカレー揚げにはベーコンを巻いたが、これには深い意味がある。レバーにはほとんど脂肪がなく（二〜三パーセントしかない）、したがって、うま味の幅をつけるにはどうしても動物性の脂肪が欲しい。ところがベーコンには大量の脂肪が含まれていて（何と三九パーセント）、レバーを食べる時それが一緒に入ってくるので当然美味しくなるのである。また、カレーの香りは、レバーのわずかの獣臭もマスキングしてくれるため、とても異国情緒に溢れたレバーの風味を楽しめるのである。

「豚レバーのとんかつソース炒め」も、どちらかといえば異国情緒に染まった食べ方である。血抜き等の処理をしたレバー（三〇〇グラム）をひと口大に切り、それをショウガの搾り汁（小サジ一）、紹興酒（大サジ一）、片栗粉（大サジ一）を加えて混ぜてからざっと茹でる。ニンジン（五センチ）、タマネギ（一個）、ピーマン（一個）は千切りにしてから油（大サジ二）で炒め、そこにレバーを加え、さらに香味調味料（紹興酒大サジ一、スープ大サジ三、トマトケチャップ大サジ三、とんかつソース大サジ三、砂糖大サジ一、コショウ少々）を加えて、強火で手ばやく炒め合わせ、器に取って出来上り。

日本のとんかつソースはウスターソースの一種である。ウスターソースはイギリス西部のウスターから世界に広まったとされ、その味が日本で知られるのは明治時代からである。リンゴやトマト、野菜、果実の搾り汁や煮出汁をベースに、さまざまな香辛類や調味料を混ぜ合わせてつくるもので、欧米のソースとは異なって、日本人が日本人向きのウスターソースを独自に改良したのが今のソースである。お好み焼き用ソースや焼きそば用ソースは比較的最近つくられたものであるが、とんかつソースは一〇〇年以上も前にその原型が街に出ていた。今のとんかつソースは濃厚ソースに分類され、主にとんかつの調味に用いられる。野菜や果物の固形物を多く含ませて、とろりとした粘度をつけている。

そのとんかつソースと豚レバーとが一緒に炒められるのであるから、レバーにはソースの快香がほんのりとつき、それを食べると長崎か神戸か横浜か何となくそのあたりから異国情緒を感じさせられるのである。

## 西欧風の味わい「豚レバーの香味野菜炒め」

豚レバーを西欧っぽく味わういま一つの料理は「豚レバーの香味野菜炒め」である。下処理したレバー（三〇〇グラム）をひと口大に切り、そこにショウガの搾り汁（大サジ二）、酒（大サジ一）を加えて下味をつける。セロリ（二本）は五センチの長さに切り、油（大サジ一）と塩（小サジ一）を加えた湯で八分《ぶ》どおりに茹でる。油（大サジ二）で刻みニンニク（小サジ二）と刻みショウガ（小サジ一）、赤味噌（大サジ一）、酒（大サジ一）を炒め、そこにレバーとセロリを加えて炒め合わせ、さらに紹興酒（大サジ一）を振って風味づけをし、そこにスープ（七〇ミリリットル）を加え、塩、コショウをして少し煮る。最後に水溶き片栗粉（大サジ二）を回しかけして全体をトロリとまとめ完成である。

この料理に使う香味野菜とはセロリで、香りがとても高い。地中海沿岸に行くと、中近東に至るまで道端や野山に生えている野生種で、その香りの強さたるや只者ではない。あまり香りが強いので、野生種が品種改良されて今のセロリがある。セロリの歴史を見ると、はじめは消臭と薬用に用いられていたが、一七世紀に入って食用とされはじめた。日本へは幕末に渡来したが、特有の強い香りのためあまり普及しなかった。そのため現在も洋菜の域を脱し得ない。今の日本では生食用としてサラダに利用されたり、漬物にされたり、肉類と煮たりされている。

そんな香りの強いセロリを使って豚レバーと共に炒めるのであるから、確かにレバーのいささかの獣臭はマスキングされるだろう。実際につくって食べてみたところ、やはりセロリの香りが全面に出ていた。ところが、本来はあまり味のない（とはいえ微かな甘みとうま味はあるが）セロリは、レバーと一緒に炒められることにより、レバーの濃厚なうま味とコクに染められて、実に味のあるセロリに変身していた。また、レバーの方にもセロリの香りが移って、それまでにない軽快な味になったのである。料理における材料の相性というのは、このようなことをいうのである。セロリはレバーからうま味を与えてもらい、一方セロリはレバーに芳香を与え、こうして互いはそれまでの弱点を強みに変えて、結局は料理のでき栄えを格上げしてくれるのである。

## さらに進化した料理「豚レバーの香り煮」

実はこの「豚レバーの香味野菜炒め」をさらに進化させた料理が「豚レバーの香り煮」である。この料理は中国の香材《サンツァイ》（お香の材料で丁子《ちょうじ》、白檀《びゃくだん》、沈香《じんこう》、茴香《ういきょう》、当帰《とうき》などをいう）を使ったもので、豚レバー（五〇〇グラム）をショウガの薄切り数片を入れた熱湯でさっと茹でてアクを取る。鍋に醬油（一三〇ミリリットル）、ダシ汁（一三〇ミリリットル）、砂糖（一五〇グラム）、紹興酒（一〇〇ミリリットル）、八角《はっかく》（三個）、月桂葉（三枚）、丁字（三粒）、肉桂《にっけい》

（一かけ）を合わせて煮立てた中にレバーを入れて弱火で二五分煮る。パクチョイ（青梗菜《チンゲンツァイ》の仲間で軸の部分が肉厚な野菜。白梗菜と書く）を水で根元からよく洗い、三つ割りにする。中華鍋に油（大サジ二）を熱し、パクチョイを入れてさっと炒め、そこに熱湯（二〇〇ミリリットル）と塩（少々）を加えて炒め茹でし、水気を切る。レバーをひと口大に切り、皿に盛り、レバーの煮汁を回しかけして、レバーの脇にパクチョイを添えて出来上り。

皿に盛ると、レバーの外側は濃い褐色、内側はそれより明るい赤銅色で、そこから香材のにおいがほのかに立ってくる。その一片を取って口に入れて噛むと、はじめホクホクとしていたが次第に潰れてネタネタとなって、そこからレバーの重厚なうま味とクリーミーなコクが湧き出してきて、鼻孔からは八角や肉桂の健康で清々《すがすが》しい香りが抜けてくるのであった。

## 香材の効能と「幻の酒」

ところでこの料理は、香材を香りつけを目的に使っているが、実は中国の料理は、香材を加えてつくることがとても多いのである。それは、香材が薬としての効能を有しているからで、香りづけと共に薬膳としての意味も持っているのである。さすがは「医食同源」

を食の思想に持った歴史ある国で、その香材は酒にまで入れて健康保持を担わせる手法まで持っている。我が輩は中国貴州省の省都である貴陽《クイヤン》市に行った時、白酒《パイチュウ》（日本でいう焼酎）に八二種類の香材を入れてつくる、万病を治癒するという幻の酒「満殿香酒《マンディエンシィヤンチュウ》」と出合って驚愕したことがあった。それは今から二〇年も前のことになるが、五度目の中国の旅でのことだった。貴州省の省都貴陽市の白酒厂（白酒醸造所）を訪れた時の話である。ひととおり工場内の見学を終えて、通された応接室で工場長さんと白酒談義をしていた時のこと、実に興味のある話を聞かされた。

今から一〇〇年も前に造られていた葯酒《ヤオチュウ》（薬用酒のこと）で、今はまったく姿を消してしまった幻の酒「満殿香酒」を最近見つけ出した、というのである。我が輩もずっと以前からこの酒のことは知っていて憧れていたのである。しかし、一〇〇年も前の酒だということだったので、あきらめていたところだった。我が輩は飛び上がって喜び、ぜひその酒を見せてほしいと言うと、工場長さんは応接室から出ていったが、五分ほどして今度は大切に一本の酒壺を持って戻ってきた。満殿香酒は古い陶器の壺に入っていた。壺の表面に憧れの酒の名が彫ってあった。工場長さんの話によると、古い倉庫からひとかたまりになって七本ほど出てきたという。

我が輩がなぜその酒に憧れを抱いて探していたかには、理由がある。実はこの葯酒のことが古い文献に次のように書いてあったからである。
「今は幻の酒になってしまったが、貴州には珍宝というべき偉大な酒があった。その名を満殿香酒という。丁子、藿香《かっこう》、香附子《こうぶし》、白檀、沈香、楓香《ふうこう》、薫陸香《くんろっこう》、桟香《せんこう》、鬱金《うこん》、安息香《あんそくこう》、甲香《こうこう》、詹糖香《せんとうこう》、肉桂《にっけい》、桂皮《けいひ》、茴香《ういきょう》、零陵香《れいりょうこう》、青木香《せいもくこう》、甘松香《かんしょうこう》、白芷《びゃくし》、当帰《とうき》、竜脳《りゅうのう》、桂《けい》心《しん》、檳榔子《びんろうじ》、伽羅《きゃら》などの植物香七四種、麝香《じゃこう》、霊猫香《れいびょうこう》、竜涎香《りゅうぜんこう》、海狸香《かいりこう》などの動物香八種の合計八二種の香材が高粱《コーリャン》酒の中に漬け込んである。

この酒を付属の小盃で朝夕一杯ずつ（一日二回）飲用すると、五日後には飲酒者の体から香《こう》のにおいが発して身の回りに漂ってくる。一〇日続けて飲んで外に出ると、その佳香に誘われて風下から人が集まってくる。一五日続けると、飲んだ人の家が芳香に染められ、二〇日間飲酒して川で行水すると、川の水に芳香が移って香水となって流れ、二五日間続けて赤児《あかご》を抱くと、その児にまで佳香が移って清められ、そして、ついに三〇日間続けて飲んだ人は気がつくのである。自分の体から全ての病気が去ってしまっていることを」

つまり、万病の特効薬なのである。憧れて、探さぬ者はいないというわけなのだ。そこで、さっそく調べてみると、この酒、中国の古い漢方医学の書物の中に出てくる「体身香」という療法に使われた酒らしい。におい（香）で穢《けが》れを去り邪気を払う。今日の芳香療法（アロマセラピー）のような方法で使われた酒だと思うと、感動した。体に香を入れて病気を追い払う体身香というこの方法、待てよ、何かに似ているぞ、とその時に思ってよくよく考えてみたら思いついた。簞笥《たんす》に樟脳《しょうのう》を入れると害虫が逃げていく、あれだ、と思ったのだ。

とにかく、その幻の酒を目の前にしたものだから、我が輩の心臓はドキドキと鳴り出して、実に緊張したことを覚えている。壺の蓋を取って小さなグラスに少し注いだだけで、香をたきしめたかのように、すばらしいにおいがあたりに漂いはじめた。一〇〇年前の酒だというのに、その新鮮な芳香は信じられない思いだった。白酒のアルコールは四一パーセントまで低下していたが、保存がよかったせいか、よく持ちこたえていた。淡黄色で濁りのない透明な白酒は、光っているように美しく見えた。

我が輩はこの貴重な酒を五〇〇ミリリットルほど試料としていただいてきて、さまざまな方向から分析してみた。そしてある時、ほんの五〇ミリリットルぐらいであるが、就寝前に飲んでみた。口の中に芳香が広がっていったが、実は白酒も非常に熟していてまったく刺激がなく、丸くて甘い逸品であった。翌朝、トイレに行って小便をすると、尿に同じにおいがついていたのにはびっくり仰天した。

## 台湾の正餐で供される豚レバーの煮物

台湾の正餐《せいさん》（正式の献立による料理）では、「六色冷盤《リュウソオルンパン》」という六種類の冷たい前菜から始まる。即ち「拌海蜇《パンハイチョ》」（クラゲの和えもの）、「烏魚子《ウユイツー》」（からすみ）、「拌冬茹《ウエントンクウ》」（椎茸の煮物）、「鹵鶏翼《ルチイイ》」（鶏手羽肉の鹵味煮《からあじに》）、「鹵牛肉《ルニュウロウ》」（牛脛《すね》肉の鹵味煮）、そして「鹵豚肝《ルトンカン》」（豚レバーの鹵味煮）である。これらの料理が中華用オードブル容器（丸い盆に六つの仕切りがある）に分け入れられて、回転する中華ターンテーブルの中央に配置されるのである。それを各々がテーブルを回し合いながら箸で取って食べる。

さて、その六つの料理の中に豚レバーの煮物が入っている。つくり方は、血抜きした豚レバー（二〇〇グラム）を二つに切り、鍋に水を入れて火にかけ、沸とうしたら乱切りにしたネギ（一本）と薄切りのショウガ（一かけ）を入れ、レバーも加えて一〇分ほど煮てから湯は捨てる。別の鍋に調味料（醤油五〇ミリリットル、砂糖大サジ二、水一〇〇ミリリットル、味精少々、五香粉《ごこうふん》小サジ半分）を入れ、レバーも加えて二〇分間煮てから冷蔵庫で冷やし、冷たくなったらレバーを薄切りにして出来上りである。

「味精」は中国では最も多く使われている調味料で、主成分はグルタミン酸ナトリウム、日本では化学調味料ともいわれている。「五香粉《ウーシャンフェン》」は、中国のほぼ全ての地域の料理で使われる、主に五種以上の香辛料から成る混合香辛料である。いくつかの本には「五種類のスパイスをブレンドしたもの」と明示されているが、五種類に限られているわけではなく、メーカーによって配合するスパイスは異なり、配合割合も秘密とされている。我が輩が敬愛する開高健《かいこうたけし》先生は『最後の晩餐』（文藝春秋刊、一九七九年）に「五香粉の五は、多いとか複雑などの意味だ」としている。一般的な原料は八角《パーチャオ》、丁香《ディンシャン》、肉桂《ロウコイ》、花椒《ホワチャオ》（中国サンショウ）、小茴香《シャオホイシャン》である。ほかにアニス、生姜《しょうが》、鬱金《うこん》、ナツメグ、砂仁《しゃじん》、カルダモン、甘草《かんぞう》、陳皮《ちんぴ》、ガランガルなどあり、中国南部に行くとサイゴンシナモンが入れられるという。

## ニワトリ（鶏）のレバー

地球上で最も多く食べられている肉類は鶏肉で、ほとんどの民族が食べている。鶏は紀元前三〇〇〇年にはインドで飼育され、ここから東へは東南アジアや中国へ、西にはイランから地中海沿岸諸国、ヨーロッパへ広まった。日本では紀元前三〇〇〇年の弥生式文化期の前期の遺跡から鶏骨が北九州周辺で出土しているので、そのころだと考えられている。

飼育が始まったのは六世紀ごろだとされている。当時は昼と夜の境を告げる霊鳥、太陽の象徴として神聖視されていた。

食用となったのは江戸時代中期ごろからで、日本橋の魚河岸《うおがし》でも売られていた。明治末期に入ると人工孵化《ふか》も一般化された。しかし、養鶏産業として歩み出したのではあるが、絶対数が少ないため需要に供給が追いつかず、老鶏や雄鶏《おんどり》あるいは近郊農家から買い出してくる程度であった。昭和三五年（一九六〇）から、アメリカから肉用若鶏ブロイラーが導入され、少ない餌で短期間で大きくなることから、次第に鶏肉は安価で身近な食品となった。この間、日本人は得意の品種改良をずっと前々から行ってきて、薩摩鶏や名古屋コーチン、比内鶏、肉用軍鶏《しゃも》などの美味肉品種がつくられてきた。

肉と共にその内臓も利用されてきて、中でも肝臓と砂肝（胃袋の筋肉部）は焼き鳥屋の二大人気串焼きである。だが、最近の焼き鳥屋のメニューを見ると、実にさまざまな部位の臓器が出されているので、我が輩のような昔の赤のれん組や縄のれん組の男たちは驚いている。「サエズリ」は食道・気道で、軟骨とは異なるコリコリとした弾力があって、その独特の食感が人気を呼んでいるが、希少部位ですぐに売り切れてしまう。「ハツ」は心臓で、プリプリとした弾力のある歯応えがよい。「ヤゲン」は鶏の胸骨の先にある細長い軟骨で、コリコリとして美味しい。砂肝は胃袋、「ゲンコツ」は丸い形をしたヒザ関節の軟骨でコリコリとし、唐揚げで食べる。「ヤギモ」は腎臓のことで、脂肪が乗ってうま味も強い。「キンカン」は体内で成長途中の卵で、すき焼きなど煮物に使われる。「ボンジリ」は尻尾のつけ根の部分であまり取れない稀少部位。筋肉が発達していてうま味も強く、脂肪もよく乗っている。「キモ」はレバーのことでこれから述べる。

鶏のレバー料理は牛や豚の例と同じように大変多い。鶏レバーのタンパク質は一七・一パーセントで牛の一九・三パーセント、豚の二〇・一パーセントより少ない。脂肪は鶏四・二パーセントに対し牛と豚は三・六パーセント、炭水化物は鶏が〇パーセントに対して牛は三・八パーセント、豚は二・三パーセント、鉄分は鶏が一〇〇グラム中〇・五ミリグラム、牛が六・八ミリグラムで、豚が二四・一ミリグラム。ビタミンAは鶏がたったの六五IUに対して牛が二万一〇〇〇IU、豚は七万七〇〇〇IU。つまり、いずれの成分においても鶏のレバーは数値が低く、したがってどちらかというとあっさり、さっぱりでこってりではないのである。そのうま味も豚レバー＞牛レバー＞鶏レバーで、コク味は豚レバー＝牛レバー＞鶏レバーとなるのである。

鶏の肝臓は胃袋の上部にあり、心臓と胆嚢《たんのう》および脾臓《ひぞう》と接着している。その内の緑色の胆嚢は胆汁を持っていて、潰すと強い苦味がレバーについてしまうので注意して外すこと、また赤い脾臓も食べないので外す。そして心臓であるが、これは歯にコリコリして、舌に快いうま味を与えるので串焼き用として取っておく。焼き鳥屋の中には、レバーとこの心臓をくっつけて串に刺して焼いてくれるところもあるが、そうすると一串の代金しか請求できない。そのため大概はレバーとハツとに切り分け、それぞれを串にした方が得ということになっている。

## 甘口の日本酒との相性抜群「鶏レバーの味噌煮」

では、鶏レバーの美味しい料理を紹介する。先ずは我が輩が酒の肴として大好物な「鶏レバーの味噌煮」である。血抜きをした鶏レバーを二センチ角に切る。それの水気を拭き取り、素揚げにする。この時注意しなければならないのは、鶏レバー（二〇〇〜三〇〇グラム）は火通りが早いので揚げ過ぎると硬くなったり、ぱさぱさになったりするので、さっと揚げることが必要である。ゴボウ（半本）は乱切りにして茹でる。ニンジン（半本）は乱切りにしておく。コンニャク（一丁）は茹でてから包丁でじゃばらの目を入れ（コンニャクの両面に斜めに細かく交叉《こうさ》する切り目を入れること）、それをひと口大に切る。鍋にダシ汁（四〇〇ミリリットル）を入れ、そこに素揚げしたレバー、ゴボウ、ニンジン、コンニャクを入れ火にかける。沸とうしたら火を弱め、一〇分ほど煮てから砂糖（大サジ二）、酒（大サジ二）、味噌（大サジ一杯半）を加えて煮続ける。全体に味が回ったところで再び味噌（大サジ一杯半）を入れ、さらに弱火で一〇分間煮る。器に煮上ったレバー、ゴボウ、ニンジン、コンニャクを盛り、その上に針ショウガ（一片）を添える。

この味噌で煮込んだ鶏レバーは大変美味しい。一度油で揚げてから煮込んだものだから、少し硬めになっているのが妙で、通常のレバー煮込みであるとホクホクするのが普通だが、この料理では少しシコリコキリとする歯応えが快い。味噌で煮るとなぜレバーはうま味を増すかというと、レバーには動物性のうま味であるイノシン酸が多く、味噌には大豆のうま味であるグルタミン酸が多い。この二つの異なったうま味の成分が出合うと、「味の相乗作用」という現象が起こり、一（イノシン酸）＋一（グルタミン酸）＝二ではなく一＋一＝七となるのである。つまり七倍薄めてもまだ味が残るという強力なうま味を感じることができるのである。実際にこの料理をつくって食べてみると、そのうま味の余韻はずっと口に残って楽しいのである。そして、この鶏レバーの味噌煮の時には、辛口の好きな我が輩には珍しいが、日本酒の甘口を燗して肴にする。すると、甘口のトロリとした酒に、味噌味のレバーがネチャリと寄り添ってきて、ああ、いいわよいいわよ、美味いわよってなことになるのである。

## 艶がまぶしい「鶏レバーの味噌照り焼き」

「鶏レバーの味噌照り焼き」も味噌の味をレバーに絡ませた料理である。血抜きした鶏レバー（四〇〇グラム）をひと口大に切り、水気を拭き取ってからタレ（醬油二〇〇ミリリットル、砂糖二〇〇グラム、紹興酒五〇ミリリットル、味醂二〇ミリリットル、赤ワイン五〇ミリリットル、塩小サジ半分、赤味噌大サジ二、固形鶏スープの素一片の半分を混ぜ合わせたもの）にレバーを漬け、四〇分置いておく。漬け汁を切って焼き網をのせた鉄板に並べ、中火（一七〇℃）に熱したオーブンに入れて三〇分間焼く。つけ合わせは青梗菜《チンゲンツァイ》（二株）で、二つ割りにしてから鍋に湯を沸とうさせて、そこに油（小サジ一）と塩（少々）を加えて茹でる。それを水切りし、器に盛ったレバーの脇に添える。

出来上りを見ると、レバーは赤黒みを帯びていて表面がテカテカと照り輝いている。照り焼きというのだから当然なのだろうが、それにしても光沢まで出ているのである。味醂と砂糖と紹興酒の力と思われるが、レバーにこんなに艶《つや》が出たのを見たのは初めてである。それを食べるとコロコロと口の中に転がるようにして入ってきて、ムシャムシャと嚙むとポコリポクリと歯に応え、そこから、ややうま味と甘みをともなったクリーミーなコクがトロトロと流れ出てくるのであった。鼻孔からは味噌からの微かな発酵香も出てきて、一風変化に富んだ鶏レバーの焼き物であった。

## 中国風絶品料理「鶏レバーの香味煮」

「鶏レバーの香味煮」は、前述した「豚レバーの香り煮」によく似た中国風の料理である。血抜きした鶏レバー(三〇〇グラム)を、たっぷりの熱湯の中でざっと茹でてアクを取り、水気を切っておく。中華鍋に油(大サジ二)を入れて熱し、ショウガ(薄切り二枚)を炒めてからスープ(八〇ミリリットル)と醤油(一〇〇ミリリットル)を入れ、香りづけの肉桂(一かけ)、八角(一個)、月桂樹の葉(三枚)を加え、レバーも入れて中火で煮る。そこへ紹興酒(大サジ二)、赤ワイン(大サジ二)、砂糖(大サジ三)、塩(小サジ一)、ゴマ油(大サジ一)を加えて一五分ほど煮る。火を止めてからそのままにして、煮汁をレバーによく滲《し》み込ませる。レバーを取り出し、食べやすい大きさにそぎ切りにし、器に盛って出す。

食べてみると、香りづけの香材のにおいがとてもよくついていて、何だか上海《シャンハイ》か厦門《ジアメン》あるいは広州《クワンチョウ》といった巨大都市の裏通りのそのまた裏の路地にある大衆食堂「来々軒」にいる錯覚に陥った。

中国の鶏レバー料理で、我が輩が最も気に入ったのは貴州省の省都である貴陽市の路地裏の、大衆食堂「鶏鴨飯店《ディヤファンディアン》」で白酒《パイチュウ》を飲《や》りながら食べた「鶏レバーの煮込み」であった。その店で我が輩はこの煮込みは美味い、美味いと調子に乗って、飲み過ぎて気が大きくなっちゃって、店の主人で料理人でもある陳一琪《チェンイーキ》さんと店頭で盃《さかずき》を交わす仲になってしまった。その時、このレバーの煮込みのつくり方を克明に教えてもらい、それを持参していったポータブル・テープレコーダーに収録、帰国後日本語に翻訳したのが次のつくり方である。

「ネギ半本は包丁の背で強く叩いて潰しなさい。ショウガ一かけも皮をむいて同じようにして潰す。鶏肝は流水の下で丁寧に洗い、血の塊を取り、緑色の部分（多分胆嚢《たんのう》のことだと我が輩は思う）や黄色になった部分を丁寧に取り除きなさい。わかったね。肝には心臓がくっついているので、それも使うことだ。先ず切り離して取り、心臓を切り開いてきれいに洗う。鍋に肝と心臓を入れ、半本分のネギと一かけのショウガ、一個の八角、大サジ一杯の砂糖、大サジ一杯の老酒、大サジ三杯の醬油、カップ一の水を入れてさっとひと混ぜしてから強火にかける。煮立ってきたら火を弱めて静かに煮立つ状態にし、途中でときどき混ぜながら、汁けがなくなるまで煮る。煮上ったらレバーを取り出し、食べやすい大きさのひと口大に切って器に盛って出来上りね。さあお食べ、美味しいよ」

そのレバーの煮込みは確かに美味であった。ゴロゴロしていて、何となく仙台の牛タンの厚切りの炭火焼きに似た色と形をしていたのだけれど、仙台の方はプリプリとした歯応えだが、貴陽のものは口に入れて噛むとポコリホクリとしてやわらかく、そこから濃厚なうま汁とコクが出てくるのである。香りもよく、噛んでいくとレバーが崩れてぬめぬめとしてきて、そのうちに唾液と混泥してトロトロとなってきて、なお一層の美味となっていくのであった。またハツ、つまり心臓の味はレバーの濃いうま味に対してなかなか粋な感じの味がした。コリリ、コリリとした歯応えは、レバーのポコリホクリと対照的で、そこがまた妙なところである。さらに心臓のややシャープなうま味に対してレバーの幅の広いリッチな味とのコントラストも絶妙で、これまで述べてきたレバー料理はほとんどがレバー単独のものばかりであったが、この陳一琪さんのように他の臓器もそこに介在させることも妙手の一つであるなあ、と我が輩は思った。

## 鶏レバー料理の王道「鶏レバーと砂肝の甘辛煮」

それなら鶏には焼き鳥屋の人気の部位として砂肝があるから、それを使って「鶏レバーと砂肝の甘辛煮」をつくってみると、これはまた実に美味しく、おそらく鶏レバー料理の王道を行くのではないかとすら思うのである。

鶏レバー（二〇〇グラム）は緑色の部分とそれに付随している心臓、周りについている黄色っぽい脂肪を取る。心臓は別の料理に使えるので捨てない。そのレバーを水の中で静かに揉んで血を洗い出し、水気をよく拭き取り、ひと口大に切る。砂肝（二〇〇グラム）は小さめのひと口大に切り、水の中で揉み洗いをしてから水気をよく拭く。漬け汁はボウルに醤油（大サジ五）、砂糖（小サジ一）、味醂（大サジ二）、酒（大サジ一）、長ネギ（半本をぶつ切りにしたもの）、ショウガ（皮つきのまま薄切りにする）を入れたもので、その漬け汁にレバーと砂肝を入れてよく和《あ》えてから三〇分間下味をつける。鍋に油（大サジ二）を入れ、ボウルから漬け汁を残してレバーと砂肝だけを取り出して加え、強めの火で炒めてやや焦げめがつきはじめたら取り出す。焼き汁は捨てる。ボウルに残った漬け汁を鍋に入れ、そこに水（七〇ミリリットル）を加えて煮立て、レバーと砂肝を戻し、さらに酒と味醂と醤油をそれぞれ小サジ一を加えて煮続け、汁けが少なくなったら鍋を揺すって照りをつけ、器に盛る。その上に長ネギ（七センチメートル）とショウガ（一かけ）を千切りにしたものを散らして出来上りである。

下味で鶏臓物のクセを消し、その上、香ばしく炒めてから濃いめの味に煮上げたので、飯のおかずにも酒の肴にももって来いである。とにかく砂肝の持ち味は何といっても軽快なうま味とコリリコリリとした歯応えで、それに真っ向から反旗を翻《ひるがえ》すのがレバーのソフト感と濃厚なうま味とコクであるので、この両者が口の中で攻防を繰り返すのであるから、そこには美味の混乱が渦巻き、とても収拾のつかないほどのうま味が湧き出されるのである。

我が輩はこれをご飯のおかずで食べている時、この甘辛煮に七味唐辛子を多めに振り込んで食べてみたところ、何とこの料理は飯に合うのだろうかということに気づいた。そこで、とっさの思いつきで「鶏レバー砂肝丼」をつくって賞味したところ、これがまた正解で、その丼飯は超特急「はやぶさ」号となり、胃袋めがけて素っ飛んで入っていってしまった。その丼飯のつくり方は、小鍋に今つくった鶏レバーと砂肝の甘辛煮を戻し、そこにつけ汁を少し加えて煮る。沸いてきたら鍋の上から溶き卵を回しがけし、しばらく煮て、卵の表面がふわふわと固まってきたら火を止める。丼に温かいご飯を七分目ほど盛り、そこに卵でとじたレバーと砂肝をのせ、その上から七味唐辛子を振り込み、長ネギの千切りをパラパラと散らして完成である。

左手に丼を持ち、右手に箸を取って、それではいただきましょうかと、丼の縁《ふち》に唇をつけ、箸でざくっと寄せて口に入れ、ムシャムシャと噛む。コロリ、ゴロリとレバーと砂肝の塊が入ってきて、そこに卵も流入してきて、飯粒も追いかけてくる。噛むにつれてレバーのホクホク、砂肝のコリリコリリ、卵のトロリトロリ、飯粒のネチャリネチャリが口中で合奏し、そこからさまざまなうま味、コク、甘み、そして七味唐辛子の辛みも参入してきて、誠に美味い丼飯となった。

## 甲府市の名物「鶏もつ煮」を食す

山梨県甲府市に行くと、名物の「鶏もつ煮」を食べることができ、とても美味しい。鶏のレバー、砂肝、心臓（ハツ）、キンカン（体内で成長途中の卵）などを甘辛く濃厚な醬油ダレで照り煮した甲府独特の料理で、最近はご当地グルメブームで全国的に有名になった。昭和二五年（一九五〇）ごろ甲府市内の蕎麦店で考案されたといわれ、現在では市内の蕎麦店をはじめ居酒屋など広く飲食店で味わうことができる。そもそも、もつ煮は全国にあるが、どれも汁けが多く、また長時間煮込んでトロトロにしたようなものが一般的である。ところが甲府のそれは、少量のタレで短時間のうちに強火で照り煮する独特のもので、こうすることによりレバーのソフト感、砂肝のコリコリ感、ハツの弾力感、キンカンのプチプチ感が味わえるので鶏もつ好きにはたまらない郷土料理なのである。我が輩は山梨県庁の農政部から「美味しい甲斐開発プロジェクト」の監修とアドバイザーを委嘱されているので、今でも一年間に四回は甲府に行っている。行くたびに甲府の鶏もつ煮を大概食べてきているから、かれこれもう一〇年近く続いており、その食歴回数は何十回に及ぶのである。そのため今では、どの店がどんな味つけをするのか、店によってもつの部位の使用割合は違い、レバーの多い店はあそこだ、砂肝の多い店はそっちだ、キンカンの卵の粒数の多いのはどこどこだ、ともはや「甲府鶏もつ煮評論家」の気分で楽しんでいる。

この甲府の鶏もつ煮を食べさせてくれる店には「鶏もつ丼」というのもあって、丼飯の上にぶっかけて出してくれる。我が輩が今まで食べてきた甲府鶏もつ煮の一皿中における使用臓器の占有率を長い間数えてみたところ、一番多いのがレバーで全体の約六〇パーセント、次に砂肝とハツのそれぞれ一五パーセント、キンカンが一〇パーセントの割合であった。また、どんな酒を飲みながら鶏もつ煮を食べているのかを蕎麦店や居酒屋で観察してみると、あくまで目視《もくし》であるがビール、ワイン、焼酎、日本酒の順に見えた。ここで注目したいのは、多くの人がワインの肴にしていることである。山梨県は日本一のワイン生産県（全国の全生産量の三一・二パーセント。第二位は長野県の二三・八パーセント、第三位は北海道の一五・七パーセント。国税庁発表、二〇一八年）であるから、当然ともいえるが、確かに甲州種のぶどうで醸したワインに鶏もつ煮が合うのも我が輩は自分の舌で確かめている。居酒屋でも食堂でも、蕎麦屋でも、鶏もつ煮を突つきながらワイングラスを傾ける甲州人を見ると、我が輩はとても粋に見えるのである。

# カモ（鴨）のレバー

カモ（鴨）の肉は、鳥類の肉のうちで最も美味といわれ、洋の東西を問わず高級食材として扱われてきた。昔は野生のマガモが主で、冬場のカモは脂肪も乗り、甚《はなは》だ美味となる。日本ではカモ鍋、カモ汁、治部《じぶ》煮、蕎麦やうどんの具、すき焼き、鉄板焼きなどその料理範囲は非常に広い。また西欧でも例えばフランス料理ではロースト、煮込み、揚げ物などに用いられ、とにかく世界中でカモのいる国々はこの鳥の肉に舌ったけである。

今はカモ肉といえばその大半は「アイガモ」（合鴨）で、マガモとアヒルの交配種である。もともとアヒルは野生のマガモからつくり出されたものであるから、一般的にはアヒルを含めてアイガモと呼んでいる。

とにかくカモは古来日本に生息していた美味しい野鳥なので、これを日本人は昔から愛好してきた。全国の貝塚から出土する鳥骨の中で一番多いのがカモ類で、マガモ、コガモ、カルガモなど一一種が掘り出されている。奈良時代初期の『播磨国風土記《はりまのくにふどき》』にはカモを羹《あつもの》（野菜や肉などを入れた熱い吸い物）にして食したという記録も残っている。

中世に入ると、貴族や武士といった支配階級はキジ（雉）を最高の美饌《びせん》として尊《たっと》んだので、カモはやや軽視されていた。近世に入ると、今度は支配階級はツル（鶴）を珍重したが、カモは庶民層によって無上の美味として大切に賞味されてきた。カモ料理がしばしば出てくる井原西鶴の作品の中に『日本永代蔵《にっぽんえいたいぐら》』があるが、そこに「鴨膾《かもなます》杉焼のいたり料理」という料理がある。「いたり料理」とは手の込んだ贅沢な料理の意で、脂皮を取り除いて細切りにしたカモ肉を温めた酒で洗って山葵《わさび》酢をかけて食べること、板焼きとは杉箱の底に塩を厚く塗りつけて火にかけ、その中でカモ肉、豆腐、クワイ（慈姑）、ヤマイモなどを煮て食べることである。この二つの料理は当時としては代表的な贅沢料理とされ、その贅沢の起因はカモ肉を使っていることによるという。

とにかく、そのように日本人はカモ肉を珍重してきて、カモやカモの味の語は無上のご馳走や快楽、あるいは獲物、幸運などを意味するようになった。「逢い戻りは鴨の味」、「いい鴨がやって来た」、「鴨が葱《ねぎ》を背負《しょ》ってくる」、「家鴨《あひる》も鴨の気位」、「いとこ同士は鴨の味」などはその例である。

これほど大事に食べられてきたカモであるから、その臓物を捨てることなど考えもせず、肺臓以外は全て食べてきたのも日本人である。その臓器の中でも、特に珍重されてきたのが肝臓である。そのため鴨レバーの料理はとても多く、あっという間にできる簡単な料理から、しっかりと手を込めてつくる料理まで実にさまざまある。

## 「カモレバーのオイル焼き」――レバーの真味を堪能

先ず簡単なものに「カモレバーのオイル焼き」がある。これはフランスやイギリス、オランダなど西欧でも日本でも即興料理として酒の肴や前菜に出されたりする。しっかりと血抜きしたカモレバー（二〇〇グラム）を適当な大きさ（小さめのひと口大）に切り、天火用トレイにのせて、塩とコショウをそれぞれ好みの量を振り、そこにオリーブオイルを多めにかけて天火で焼いたものである。

この料理は、カモのレバーの真味《しんみ》を堪能するにはうってつけのもので、材料はレバーのみ。あとは塩とコショウで味をつけ、それをオリーブオイルで焼いただけである。つまりレバーには何も足さない、何も引かない、そのままの味が賞味できるのである。我が輩はこの料理を幾度かつくって食べてきたが、カモ特有のにおいは残るものの、それがかえって野趣の味を仄《ほの》めかせてくれる。また、オリーブオイルの存在もレバーのコクを広げる役割をしている。もともとレバーには脂肪はほとんど含まれていないところに、味に幅のあるオリーブオイルが加勢するのだから、カモレバーの味にコクをつけ、一段とグレードアップするのである。

## ワインの肴として「カモレバーのフォアグラムース」

ワインの肴として最適なものの一つに「カモレバーのフォアグラムース」がある。これはフランス料理の一種で、我が輩はまだつくったことはないが、とても美味いらしい。普通のレバームースよりフォアグラやトリュフジュースが入っているのでゴージャスな肴になるという。材料は一晩中牛乳に漬け込んで冷蔵庫に保管しておいたカモレバーを取り出し、そこにバター、クリーム、フォアグラ、ベシャメル、トリュフジュース、卵を加えてから塩、コショウ、砂糖で味を調え、フードプロセッサーでそれらの材料を混ぜ、シノワ（漉《こ》し器）で漉し、その滑らかなクリーム状になったものを型に入れ、オーブンで焼き上げてつくるという。想像しただけでも美味そうである。

## 最強のご飯のおかず「カモのレバーとハツのニラ炒め」

「カモのレバーとハツのニラ炒め」はご飯のおかずに最強である。レバー（血抜きしたもの一五〇グラム）とハツ（一五〇グラム）はひと口大に切る。醤油（大サジ一）と酒（大サジ二）を混ぜ合わせたものに入れ、下味をつけてから片栗粉（大サジ一杯半）をまぶす。フライパンにゴマ油（大サジ二）を入れて熱し、レバーとハツを炒め、赤っぽかったのが灰白色に変って火が通ったことを確かめ、ニラ（一束を四センチに切ったもの）を加え、モヤシ（半袋）も加えてからさらに炒め、最後に合わせ調味料（醬油大サジ一と酒大サジ一、オイスターソース大サジ二）を加え、よく混ぜ合わせて出来上りである。

実際にこれをつくって食べてみると、豚レバーのニラレバ炒めとは明らかに違う風味であった。豚ニラレバの場合はどってりとしたうま味があったが、カモの場合はどことなく甲高《かんだか》く、何となく鋭いうま味がある。そのカモレバーにハツを共存させたのであるが、互いが異なる歯応えのものだから、その妙味がよく味わえた。すなわちレバーはホコホコ、ムコムコとし、ハツはコリリコリリとして、そこから濃厚なうま味やコクがジュルジュルと湧き出してくる。さらにニラとモヤシは、レバーとハツのうま味とコクを吸って豊満気味となり、ニラを噛むとシャリリ、シャリリとし、モヤシはサクリサクリとして、そこから微かな甘みが出てくる。中でもニラは、噛むたびにニラ特有の野生のにおいが鼻から抜けてきて、存在感をあらわにしていた。

## 大人気の一品「カモのレバーペースト」

カモレバー料理を一気に有名にしたのが、オーソドックスでしかも古典的な料理である「カモのレバーペースト」である。誰にでもつくれて、あっという間に美味しいペーストができるので大人気である。つくり方は、鍋に水を沸かしてカモのレバーを入れ、六三℃で一時間低温加熱する。そのレバーをすり鉢ですり、好みの量の塩とオリーブオイルを加え、滑らかになるまで混ぜる。それで終わり。あとは焼いたバゲット（フランスパンの小型のもの）にのせて食べる。

このカモのレバーペーストは市販されていたり通販でも取り寄せることができるが、自分で好きな味に仕上げるのも楽しいもので、我が輩などはもっとコクを出すためにバターを使ったり、また思いきり甘いバゲットを喰ってみたい時には蜂蜜なんぞを加えたりしてつくるが、それぞれに美味しい。

## 見た目麗しく保存も効く「カモレバーのしぐれ煮」

日本の料理法の中に「しぐれ煮」というのがある。漢字で書くと「時雨煮」で、江戸時代に伊勢湾の桑名あたりでハマグリを材料にして創作されたのが始まりという。ハマグリに醤油や砂糖、味醂、ショウガなどを加え、佃煮風に炊き上げたもので、今ではハマグリに限らずアサリ、シジミ、小エビなどの佃煮まで、しぐれ煮に含まれている。時雨《しぐれ》とは晩秋から初冬にかけて降ったりやんだりする雨のことで曇りがちの空模様をいう。「しぐれ」は「し」と「くれ」に二語分割され、「くれ」は「暗し」と解釈し、すなわちうす暗い色をした煮物だから「しぐれ煮」という、なんて本当か嘘かわからぬような文献もあった。

そのしぐれ煮を「カモレバーのしぐれ煮」として応用した料理がある。カモのレバーは鶏よりはかなり大きいので、血抜きを怠たらず、丁寧にすることが重要だ。十分に水に晒《さら》し、また場合によっては牛乳に浸しておくと血がよく抜ける。とにかくカモのレバーには血がずいぶんと含まれていて、合鴨のレバー五〇〇グラムを血抜きすると二〇グラムも血が出てきて四八〇グラムになるという。その血抜きしたレバーから筋や脂肪、黒っぽい部分の胆嚢《たんのう》を取り除き、ひと口サイズに切り分けていく。鍋にたっぷりの水と酢（大サジ三）を加え、そこにレバーを入れて五分茹でたらザルに取り、水でアクを洗い流す。鍋をきれいに洗ってから、そこに調味料（砂糖大サジ二、醤油八〇ミリリットル、味醂大サジ三、日本酒二〇〇ミリリットル）と水（二〇〇ミリリットル）、ショウガ（皮つきのものを千切りにして二五グラム）を入れ、下茹でしたレバーを加えて中火にかけ、沸とうしたら弱火にして約三〇分ほど煮ると汁けがほとんどなくなるので火を止めて出来上り。

「しぐれ煮」とはこんな色か、とそれを実感させるように、淡い黒色系でうっすらと赤みが射し、光沢がある。それを食べると、レバーの重厚なうま味の中にとても滑らかな甘みがあって、そこにショウガのうっすらとした辛みも加わって絶妙である。佃煮《つくだに》がいつまでも日持ちがよいのと同じで、この「しぐれ煮」も同類なので、出来上ったものを冷蔵庫にでも保存しておくと一ヵ月ぐらいは持つので重宝だ。食べる時に山椒の粉あるいは七味唐辛子などの香辛料を振り込むと、なお一層美味しさが増す。

なお、カモのレバー料理をつくろうと試みても、肝心の材料が手に入らないのではどうしようもない。そのような時は、今では通販で取り寄せることが可能であるから、「カモのレバー」と検索するとすぐに辿り着く。また、「カモレバーのペースト」とか「カモレバーのテリーヌ」などは、形の洒落た瓶詰になって、フランス製などを通販で手に入れることができる。

# ウマ（馬）のレバー

以前、日本には「馬喰《ばくろう》」という商売人がいた。別に馬を専門に喰う商売ではないし、馬肉料理店の主人でもなく、馬の仲買いをする人たちである。馬が大切な輸送手段だったころに繁盛した商売だったが、今はそれが見られなくなったので、馬喰という名は残っているものの、実体はほぼ消滅した。ところで肉としての馬、すなわち馬を喰うというのはどこの民族にもあるのだろうか。多くの人は日本ぐらいのものかなあ、と思っているかも知れないが、実はそうではなく、オーストリア、スイス、イタリア、フランス周辺のフランス語圏、ベルギー、ルーマニア、アイスランド、オランダ、ノルウェー、スロベニア、スウェーデン、カザフスタン、中国、モンゴル、マルタ、カナダなどでも食べている。これらの国々では食用としての馬が生産され、肉をそのまま食べるほか、コンビーフやソーセージなどの加工食品としても消費されている。日本でも今から四〇〇年も前に一部の人たちの食用として利用された記録は残るが、一般化されたのは明治時代に入ってからのことで、記録によると明治一八年（一八八五）には一五三〇頭が食用にされたということである。しかし、近年に入って日本人が牛や豚、鶏の肉を多食するにつれて馬の肉の消費も活発となり、最近では熊本県を筆頭に福島県や青森県、長野県、福岡県などでも盛んになってきた。

馬肉は他の畜肉に比べて高タンパク質で栄養価は高く、滋養や強壮、薬膳料理にも活用され、その上、牛や豚、鶏などの肉より低カロリー、低脂肪、低コレステロール、低飽和脂肪酸であるので、このところの健康志向に合って需要は伸びている。

食用部分は、牛や豚と呼び方や部位に大部分重複しているところがあり、「ロース」には肩ロース（馬刺しのほか、しゃぶしゃぶなど）、リブロース（背肉で商品価値が最も高い）、サーロインがある。ヒレも刺身や焼肉として人気が高く、「バラ」は肩バラがいわゆる「霜降り馬刺し」とされて高価。バラオビはサシが多く、すき焼や網焼きなどの加熱料理に向く。「モモ」にはランプ（お尻肉）、シンタマ（馬の下半身でモモの中では肉質がやわらかい部分）、クロッド（馬の上半身で、いわゆる「赤身」で流通するところ）、外モモ（馬刺の赤身とされる部分）、内モモなどがある。また、馬特有の部位に「コウネ」という部分があり、これはタテガミ部分の脂身で、ここも高価な部位である。

そして内臓だ。主に食べる部分はレバー（肝）、ハツ（心臓）、ダルム（小腸）、タング（舌）、センポコ（大動脈）である。ハツはハルツまたはヘルツとも呼び、またセンポコは特有の歯応えとうま味があり、焼き鳥のようにして食べることが多い。レバーは馬肉の場合は生でも食べてよいことになっている。だから本場の熊本市に行くと「馬レバー刺」が正式メニューとして掲げられ賞味することができる。

では、なぜ馬のレバーは生で客に提供できるのに、牛や豚、鶏は駄目なのだろうか。それは先ず牛と比べてみるとわかりやすい。牛は反芻《はんすう》動物（ほかに羊や山羊、鹿、トナカイ、ヤク、キリン、ラクダ、ラマ、ヌー、バイソンなど）で、胃袋が四つついているが、馬は一つしかない。その反芻動物の胃には、極めて強い毒性物質をつくる大腸菌O－157等の腸管出血性大腸菌群を保有しているケースがあるからである。それは二〇一一年四月、富山県のある焼肉店で死者五名を出す食中毒事件が起き、被害者総数一八一名の大事件となった。客はユッケなどの生肉メニューを食べたことがわかり、その原因は肉の卸業者がレバーを切った包丁で生食する牛肉をカットしたため広がったとされた。そして細菌検査の結果、死をも引き起こす腸管出血性大腸菌O－157菌が検出されたのである。それまでは、レバーの外側にO－157が付着していてもきちんと処理すれば、内側にはいないので生食しても大丈夫だとされて食べられてきたのである。そのため、牛の生レバーを食べることは危険リスクが極めて高いと判断され、二〇一二年七月から国の食品衛生法によって牛の生レバーを食べることが禁止されたのである。また、豚肉には寄生虫がつきやすいといわれているが、生レバー食の場合はE型肝炎に感染するリスクが高いことがわかり、二〇一五年六月一二日から客への提供を禁止され、これを犯すと、牛生レバーと同様、二年以下の懲役または二〇〇万円以下の罰金が科せられるようになった。豚と同様、鹿とイノシシ、野ウサギなどの肉や生レバーを食べるとE型肝炎に感染するリスクも高い。

鶏肉に関しては内臓肉も含めて食品衛生法に基づく規制はないようだけれど、厚生労働省は生食に対する対策を強化している。その中にあって二〇一八年五月に鹿児島県は独自のガイドライン「生食用食鳥肉の衛生基準」を改訂して鶏のレバーの生食を規制した。その理由は、「鶏の生レバーからのカンピロバクター（らせん状に湾曲した形態を持つ食中毒菌）の検出率が高く、現状ではその微生物のコントロールが困難で、生食の安全性が担保できない」とした。そして、「調査したほとんどの鶏の肝臓からカンピロバクターが検出された」と発表している。

カンピロバクターは鶏の腸管に生息する細菌で、食肉処理の際に腸管が破れるなどして他の臓器を汚染したと考えられている。カンピロバクターに人が感染すると下痢や腹痛、吐き気などの症状が出る。死亡事故の報告はないが、時に、手足の麻痺や呼吸困難などを引き起こす「ギラン・バレー症候群」に発展する場合があるから注意しなければならないということである。

一方、馬のレバーは生食が許されている。その理由の第一は、馬は反芻動物ではないので、牛のようにO-157が生息できる複雑な消化管を持たず、その上、反芻動物に比べて体温が高いためO-157の生息はできないとされている。これまでの調査でもO-157やカンピロバクターなどの検出例はないというから、先ずは心配なさそうだ。第二の理由は、動物の種の違いだとされている。馬は奇蹄目《きていもく》（ほかにロバ、サイ、バクがこれに入る）に分類され、蹄《ひずめ》が一つであるのに対し、牛や豚は偶蹄目《ぐうていもく》（ほかに鹿、カバ、キリン、ヤギ、ヒツジ、トナカイ、イノシシなどがこれに入る）で蹄は二つある。こういった種の違いがウイルスやバクテリアの感染性に差があるという研究もなされているそうだ。

ところで、日本の食用馬肉はどこから来るのかというと、輸入六〇パーセント、国内生産四〇パーセントの比率で流通しているという。輸入ではカナダからのものが断然トップで年間約三〇二〇トン、二位はメキシコ（七五〇トン）、三位アルゼンチン（五六〇トン）、四位ポーランド（五五〇トン）、五位中国（一七トン）、六位ウルグアイ（一五トン）、七位ベルギー（四トン）、八位イタリア（二トン）で、合計で約五〇〇〇トンである。

国内生産量第一位の熊本県は二五〇〇トン生産し、重種馬（体重が重く体も大きい）に秘伝の配合飼料を与え、一年半以上かけて一トン近くまで成長させて出荷する。美しい霜降りが特徴で、やわらかな食感と濃厚な甘みを特徴としている。一方、第二位の福島県は一一〇〇トンで、主な産地の会津では軽種馬を育てていて、やわらかく淡泊な味わいと赤身を特徴としている。以下、第三位は青森県（五五〇トン）、第四位福岡県（三九〇トン）、第五位山梨県（二七〇トン）となっていて、日本全体では約五〇〇〇トン前後である（以上、農林水産省発表。二〇一五年）。

それでは馬のレバーを喰う話をしよう。先ずは、やはり「馬のレバ刺し」である。「レバー刺し」とは言わず、どこに行っても「レバ刺し」が標準となっているのも面白い。熊本でも高田馬場でも、横浜でも渋谷でも、森下でも浅草でもどこでも。馬のレバー刺しを出してくれる品書きには例外なく「馬レバ刺し」である。我が輩はこんな些細なことでも嬉しくなる性《たち》で、「レバー刺しあります」なんて書いてある店に入ると、何となく擽《くすぐ》ったくなってしまう。

我が輩は今もそうであるが、熊本県庁農林水産部で「たけモン　くまモン　うまかモン　プロジェクト」の監修をしている。もうかれこれ一〇年もやっているから熊本市には年に三、四回は行っている。「たけモン」とは我が輩のこと、「くまモン」とは例の日本一知名度の高い大スターキャラクターの「くまモン」君のことだ。熊本市に行くと、仕事を終えた夜は大概は上通《かみとおり》や銀座通り、酒場通りあたりに飲みに出かけるが、馬肉大好きの我が輩は大概は蹴飛《けとばし》屋に入って馬肉料理を楽しむ。勿論、馬刺とレバ刺だ。熊本のレバ刺は、お世辞でなくて本当に美味い。食べた後には満足して「あ～馬勝った牛負けた」なんて冗談を言ったりして。

そして注文した品々の中で最初にいつも出てくるのは決まってレバ刺だ。それもあっという間に出てくるから、きっと前菜のつもりで出しているのかと思うほどである。これがまた嬉しいんでね。最初から高級部位の霜降り馬刺とかコウネというタテガミ部分の脂身、サシの多いバラオビなんぞが出てきたら、心の準備もできてないので困る。先ずは最初のレバ刺で身を構え、それから高級部位へと進めたいのである。

そして、皿に盛られてきたレバ刺に箸をつけるのだけれど、つけダレを何にしようかと迷うことがある。というのは、どの店でもニンニクのすりおろし醬油とショウガのすりおろし醬油と塩を加えたゴマ油の馬刺し三大つけダレを必ず持ってくるからだ。我が輩はレバ刺では塩ゴマ油で始め、次にニンニク醬油にして、最後はショウガ醬油の順にしている。

そのレバ刺を箸で取り、塩ゴマ油にチョチョンとつけて口に入れて食べる。瞬時にゴマの香ばしいにおいが鼻から抜けてきて、口の中にはレバーが舌の上にトロリと滑って入ってきて、それを嚙むとプリプリ、コリコリとした歯応えがある。ここが以前食べた牛のレバ刺とは違うところで、牛レバ刺だとその歯応えがプルリンと滑らかなものであるのだが、馬のレバはプリプリ、コリコリとするのである。そして、そこから奥の深い重厚なうま味がトロトロと流れ出してくるのである。それをじっくりと味わって、静かにトロリンコと顎下《がっか》に呑み下す。そこで肥後の名酒「香露」をコピリンコ。こうしてつけダレを変えながら、トロリンコ、コピリンコ、トロリンコ、コピリンコを繰り返して、熊本は今日も馬勝ったとなる。

馬のレバ刺は、今はネット販売で簡単に取り寄せることができる。牛レバーや豚レバーの味のくどさと独特の臭みが気になるという人もいるが、馬レバーにはそれがないので初めての人も抵抗なく食べられる。そのため人気が高く愛好者も多いのである。注文するとほとんどの場合、新鮮なレバーを瞬間真空冷凍で、一パック五〇グラム単位で数パック送られてくる。それを料理するには、未開封のまま一〇分ほど氷水に浸けて解凍することである。急激な温度変化で解凍すると、組織に傷みが生じ特有の歯応えが失われてしまうからである。早く喰いたいから電子レンジで解凍、なんていうのは絶対駄目。一度解凍したものを再冷凍するのも美味しさが損なわれるので、必要な量のみ解凍することが大切だ。また、解凍したレバーは、きれいに洗った包丁や俎板《まないた》で切り分け、その日のうちに食べることである。我が輩がそのレバ刺を喰う時のタレの基本は、ゴマ油一：おろしニンニク一：酒二：醤油一である。塩味にする場合は醤油の代りに塩を使い、その時はゴマ油一：おろしニンニク（またはおろしショウガ）一：塩一：酒五とする。好みによってそのタレにラー油をかけたり、白ゴマを振ったり、刻みネギを加えたりすると、なお美味しくなる。

ところで、馬のレバー料理は日本ではあまりなく、そのほとんどがレバ刺で消費されている。牛や豚の生レバーを客に提供することが禁じられてからは、馬のレバ刺に注文が集中し、品不足となるほどなのである。そのため、貴重な部位をニラと炒めたり、甘辛煮にするなどは勿体なくてできない、ということになり、レバ刺にして出すのである。幸いなことに馬肉は生のままの馬刺で食べることが大半なので、生で出せるレバーは、客に何らの抵抗もなく喜ばれるのである。したがって馬の肝を喰う話は、レバ刺のことのみで終わる。

## ヒツジ（羊）のレバー

ヒツジ（羊）は、家畜化された歴史は牛や豚よりも古く、今からおよそ八〇〇〇年以上前に及ぶとされている。この背景には宗教的意味もあって、キリスト教やイスラム教国では祭祀やその祝宴のために重要な食べものとなっていたからである。日本では、平安時代中期の『延喜式《えんぎしき》』（巻三二大膳式の条）に「羊 脯《ひつじのほじし》」（干した羊の肉のこと）が見える。日本最初の殺生禁断の命令が出された天武四年（六七五）の詔 勅《しょうちょく》（天皇が発した文書）には「牛馬犬猿鶏の穴（肉《しし》のこと）を食うこと勿《なか》れ」とあり、この中にヒツジは含まれていない。当時すでにヒツジは牛馬より比較的遅れて大陸からの帰化人によってもたらされていたと考えられているので、食べられていた可能性は高い。第二次世界大戦後、オーストラリアからタンパク質の供給と羊毛用として大量にヒツジが輸入されはじめた。当時のオーストラリアからの羊肉は、羊毛用で廃用になったヒツジ肉が主体であったから、固くて臭くて安価な肉ととらえられ、ジンギスカン料理という牧草民族の食べものとしてのイメージがつきまとっていた。

その羊肉は一歳未満の子ヒツジをラム、二〜七歳程度のものをマトンと呼んでいる。ラムはマトンよりやわらかな肉でヒツジ特有のにおいも少ない。日本人は近年、このラムの肉の美味しさに魅了され、羊肉料理は年々増加していった。現在、日本で食用として消費される羊肉の九五パーセント以上はオーストラリアとニュージーランドから輸入されている。

成長度によってラムとマトンに分けられているが、さらに詳しくランクづけされる。生後九〜一六週を「ホットハウス」、一六週〜八ヵ月を「スプリング」、八ヵ月から一年を「ラム」、一〜二年を「イヤリング」、生後二〇ヵ月以上を「マトン」と呼んでいるのである。肉の部位も「ショルダー」といって肩を中心とした部分で、ネック（頸《くび》）とシャンク

（脛《すね》）がついている。ネックは肉質がやわらかいので、骨を外して肉を取り、スライスして使う。シャンクは硬いのでソーセージやハムの増量材とする。「ロングロイン」は牛肉でいえばロースに当たる部位で、骨つきのままローストしたりステーキにして食べる。また焼肉、串焼き、しゃぶしゃぶにも使われる。「フランク」（胸肉）はローストにしたり煮込みに使い、腹部のばら肉は脂肪が多いのでシチューなどの煮込みや加工用に使う。「レッグ」は腰から脚にかけての部分で、丸ごと骨つきのままローストし、パーティーなどで切り取りながら食べる。骨から外して焼肉やステーキにも用いる。また、羊肉には特別に「ラムロール」という便利なものがある。ラム肉のショルダーやレッグの部分を薄くスライスして棒状に巻き、形を整えたものである。市場では冷凍したものがほとんどで、安価で入手しやすい。火を通すとバラバラになるので、炒めものなどに使いやすく便利である。

さて、それではヒツジの臓器を喰う話をしよう。実は結論から申し上げると、日本では羊肉の食文化がほとんどなかったため、内臓の肝、心臓、腸、胃袋といった部位を食べるという例はほとんどないのである。これがモンゴルとか中国内蒙古自治区、カザフスタンといった大草原の民、チベットやブータンなどの山岳民族となると、ヒツジの内臓は余すところなく食べてしまう。日常がヒツジと共にあるようなものだからで、我が輩が行ったことのあるモンゴルの草原では、ヒツジを屠《ほふ》るところから解体するまで、一〇分もかからず完璧に行い、出てきた血は一滴も無駄にせず、臓器もことごとく食べてしまう。肝は湯で煮て、塩をして食べることが多かった。

一方、ヒツジを高級料理として嗜《たしな》むフランスではヒツジの脳まで料理にして珍重し、レバーは生クリーム、タマネギ、ニンニク、バターなどを使ってレバーペーストにしたり、パテにしたり、あるいはテリーヌに使ったりしている。中でも、フランスで一番美味と称されるノルマンディーのヒツジ料理では、長い歴史と伝統に培われたヒツジのレバー料理が有名だという。ノルマンディーのヒツジがなぜ美味しいのかというと、海に突き出た半島の牧草に潮風が当たり、それをヒツジたちが食べているからだというのである。

## 淡泊で上品なうま味「ラムレバーステーキオニオン添え」

先《ま》ずは「ラムレバーステーキオニオン添え」である。血抜きしたラムレバー（鶏肉のさ身くらいの大きさを厚さ一センチぐらいに薄切りにしたもの六枚）の水分をよく拭き取っておく。フライパンでタマネギ（一個をスライスする）とオリーブオイルで炒める（中火）。タマネギがしんなりしてきて黄金色になったら、バルサミコ酢（大サジ一・五）、ハチミツ（大サジ一）、アップルビネガー（大サジ一）、ローズマリー（二本）、ブランデー（大サジ二）を加え、さらに塩とコショウで好みの味に調える。レバーに小麦粉をまぶし、オリーブオイルを引いたフライパンで焼く（中火）。レバー全体に火が通り、やや硬くなった状態まで焼く。皿に炒めたタマネギを取り、その上にレバーステーキのせ、最後に山椒の粉を振り、マスタードを添えて出来上り。

我が厨房「食魔亭」でこれを実際につくって食べてみたが、さすがにラムのレバーとあってヒツジ特有の臭みもなく、レバーは淡泊なほどで上品なうま味を持っていた。タマネギの甘みとレバーの爽快なうま味が実によく合い、またブランデーを加えることによって上品な香りにも仕上っていた。

## 「ラムレバーの辛味ステーキ」と赤ワインをコピリンコ

「ラムレバーの辛味ステーキ」も美味しい。レバー（二〇〇グラム）を解凍（注文したレバーは冷凍で送られてくるのがほとんど）し、一・五センチの厚さに切り、水分を拭き取ってから表面に塩コショウをする。フライパンにオリーブオイルを引き、熱く熱したところにニンニク（一かけをスライス）と唐辛子（鷹の爪半本）を入れ、少し炒めてからレバーを入れ、しっかりと焼きめがつくまでソテーする。つけ合わせはキノコ（一五〇グラム）で、マイタケでもシメジでもよいから、フライパンにオリーブオイルを引き、そこにキノコとニンニクのスライス（一かけ）、唐辛子（鷹の爪半本）を入れて炒める。皿にステーキを盛り、その脇にキノコを添え出来上りだ。

ラムレバーのステーキは炒めたキノコにも合い、とても美味しい。レバーのポクリホクリの歯応えの中から重厚なうま味が出てきて、しかしそれがくどくなく軽快なうま味で、そこにキノコのコキリ、シコリ、フワワとした歯当たりから出てくる奥の深いうま味が合わさる。さらに鷹の爪からのピリ辛が加わって絶妙であった。

この時はフランスワインで気軽に飲めるサン・ペレ（北部ローヌ川流域）の「シャトーヌッフ・デュ・パブ」が手元にあったのでそれを飲《や》った。このワインはかなり濃厚な味わいであったため、ステーキに負けず、またステーキと一体となり、この料理との取り合わせは正確であった。ステーキを口に入れてじっくりと味わい、またステーキのうま味をしっかりと吸収したキノコも味わってからそれを顎下《がっか》に呑み込んで、すぐにその赤ワインをグビリと口に含んでモグモグすると、一瞬にして口の中のステーキとキノコの味はワインに消されて遥か彼方に行ってしまう。そして、そのワインをコピリンコと呑み込み、再びさっぱりとした新たな口の中にレバーを入れる心持ちはとても清々《すがすが》しい。

## いろいろな食べ方が楽しめる「ラムレバーペースト」

ラムレバーの基本的な料理に「ラムレバーペースト」がある。取り寄せたラムレバー（二五〇グラム）を解凍し、ひと口大に切る。タマネギ（半個）とニンニク（一かけ）はみじん切りに。小鍋にバター（大サジ二）を溶かし、タマネギとニンニクを炒め、タマネギがしんなりしてきたらレバーを加えてさらに炒める。レバー全体に火が通ったらブランデー（大サジ二）を加え、塩（小サジ一）、コショウ少々を加える。火を止め、粗熱を取ってからミンサー（ミキサーやフードプロセッサーでもよい）でペースト状にし、最後に生クリーム（五〇ミリリットル）を加えてさらに混ぜて終了。

バターのようにパンやクラッカーに塗れるようにしたものがペーストである。保存法であるが、手づくりのレバーペーストはあまり日持ちする食べものではないので、余った分は、できるだけ空気を遮断するため隙間のないようにピッタリとラップをかけた上、清潔な密閉容器に移してから冷蔵庫に保管することである。大体二〜三日以内に消費すること。

出来上ったレバーペーストは、パンなどに塗るだけではなく、実にさまざまな料理に使うことができる。レバーペーストのリゾット、レバーペーストの炒飯、レバーペーストのベジグリルなどという変った食べ方もある。しかし、一番多いのはカナッペだろう。カットしたフランスパンに塗って食べるだけだけれど、意外にコーヒーに合うのでよく食べる。また、「バインミー」という食べ方は、レバーペーストと野菜サラダをパンにはさんで食べるものである。ベトナム料理が発祥という。ワインのつまみに最適で、しかも簡単なのは、単にクラッカーに塗っただけのもので、気軽にワインも楽しめるのでよくやる。またレバーパスタもいい。正式にはレバーペーストパスタで、パスタにレバーペーストを和え、そこに粉チーズあたりを振り込んで食べる。特有のコクのある美味しいパスタで、一度食べるとまた食べたくなる。我が輩は、パスタを一度鉄板で焼き、それにニラを加えて軽く炒めて「パスタのニラレバ炒め」をつくる。見た目は本物のニラレバ炒めであるが、パスタにはすでにさまざまな味がついているので、実に複合的うま味が味わえて好きだ。

ほかに「レバーペーストとポテトのパイ」や「ジャガイモのガレットレバームースのせ」、「レバーペーストとジャガイモのお焼き」、「レバーペーストと焼きベーコンのバインミー」、「レバーペーストのチーズ焼き」、「レバーペーストオムレツ」など、とにかくレバーペーストは自分流でいくらでも料理をつくることができるのである。

# ヤギ（山羊）のレバー

ヤギ（山羊）は野生種もいるが、一般的にヤギといえば家畜のヤギをさす。家畜ヤギは乳用、肉用、毛用種に分けられるが、世界的には圧倒的に肉用種が多い。乳用種ではスイス原産のザーネン、肉用種ではブラックベンガルやブラジリアンなどがある。日本在来のヤギはシバヤギで、次第にザーネンとの交配や改良により現在のようなザーネン系雑種の日本ザーネン種に固定された。ヤギ肉はヒツジ肉に比べてタンパク質が多く、脂肪が少ない。日本では主に沖縄での食文化が有名で、刺身にしたり鍋や汁ものにしたり、焼いたりして食べる。またヤギの乳はタンパク質の構成が人乳に似ていて、タンパク含有量や脂肪、カルシウム、ビタミンAなどは牛乳より多く含まれている上に消化吸収もよく、ひと昔前は日本全国でヤギ乳が飲まれた時代もあった。

ヤギの肉には特有の臭みがある。そのため牡《めす》のヤギの場合は、生後三週間ぐらいで去勢すると、肉の臭みはかなり弱くなる。しかし、完璧に消えたわけではなく、まだかなり残っている。日本人の大半はこの獣臭を苦手とするが、ギリシャ、ジョージア（旧グルジア）、カザフスタン、中国内蒙古自治区などでヤギ喰いを見てきたが、彼らはむしろそのにおいこそなければヤギ肉ではないと言っていた。小さい時から食べているのだから、そうなるのだろう。

　我が輩は琉球大学の客員教授を一〇年以上続けてきたので、その間、ヤギ料理はずいぶんと食べてきた。はじめはにおいでウッと来たが、そのうちに慣れてくると、臭みなど気にすることはなくなり、またアグー豚のような美味しい銘柄豚の肉を食べた後は、何となくヤギ肉も欲しいな、といった慣れさえ身についた。そのうちに、いつもの好奇心が湧き出し、ヤギの肉の臭みについていろいろな本を調べてみたことがある。すると大要、次のようなことが書いてあった。

「しつこくまとわりつくようなその獣臭の本体は、低級脂肪酸および揮発性塩基化合物（アミン類やジアミン類）で、肉のみならず生きているヤギの体からも強く発せられる。メスよりもオスのほうがにおいが強く、とくに去勢していないオスの臭気は尋常ではない。動物園などで放し飼いにされているオスのヤギを見つけたら、においを嗅いでみるといい。そんなに近づかなくても強い体臭に気づくはずだ。

　しかし、何事も慣れである。ヤギに限らず、強い獣臭は哺乳類全般に共通するもので、日ごろから食べ慣れていると、豚や牛の肉のにおいなどはほとんど気にならず、むしろ、そのにおいを含めて美味いと感じるはずなのである。食べ慣れてくると、ヤギも同じなのである」

## 沖縄で味わったヤギ料理の饗宴

我が輩のヤギ料理食体験は中南米、中東、西アジア、中央アジア、中国東北部などの山岳地帯や牧草地帯であったが、沖縄県でもよく食べてきた。ここでは昔からヤギ料理を「ヒージャー料理」といって珍重してきた歴史がある。だから、美味しい食べ方をよく知っている。我が輩は沖縄本島の金武町《きんちょう》を訪ねた時、友人たちがヤギ料理でもてなしてくれたことがあった。この時も、ヤギを解体するところから調理法まで一部始終見せてもらった。

先ず屠《ほふ》ったヤギの後ろ脚を縛り、頭を下にして木にぶら下げた状態で頸動脈《けいどうみゃく》を切り、血抜きをする。この血は無駄にせず、小桶に取っておいてあとで料理に使う。次にヤギの表面（皮）を火で丹念に焼き、全体に焦げ目がついたところで火からおろし、四～五人の男たちがそれを担いで海辺まで下りていき、解体を始める。内臓のほとんどは捨てることなく、料理の材料となった。

驚いたのは、取り出した内臓の各部位に、豆腐のおからを絡めてよく揉んでいたことである。「なぜそんなことをするの？」と聞いてみると、内臓は一番臭みの強いところなので、それを取るためだという。おからで獣臭を消すとは、実に面白い発想だ。

下処理が終わったあと、ヒージャー汁づくりが始まった。ヒージャーとはヤギのことで、沖縄では客人が来たり、大きな祝い事があると、このヒージャー汁を豪勢に振る舞うのが倣《なら》いである。モンゴルのヒツジ料理と同じである。沖縄のヒージャー汁のつくり方も、大胆かつ簡潔だった。

ふた抱えもあるような大きな鍋に、肉や皮、臓物まで、適当な大きさにぶつ切りにして、ごろごろと二〜五時間煮込んだあと、ヨモギの葉（フーチバー）を沢山入れて、塩、おろしショウガで味を調えれば出来上りである。これを熱いうちにフーフーいって食べるのだ。ヨモギの葉がたっぷり入っているので、独特のヤギのにおいが和らぎ、さっぱりと食べられる。何度も食べてこの汁の真髄を知れば、どんどんやみつきになっていく。我が輩はこの時 丼《どんぶり》で五杯もおかわりをしたほどである。

この宴には、「ヤギ肉の刺身」も出てきた。これも我が輩の大好物である。刺身になるのは焦げた皮つきの赤身肉のところで、その部分は不思議なことにほとんどヤギのにおいがない。皮のゼラチン質のコリコリした食感に、赤身肉のシコシコさがよろしく、そこに焦げのスモーキーなにおいも加わって、何ともいえぬ強烈な野趣味がたまらない。すかさず、南国の火の酒・泡盛をグビリ、ガブリとあおる。郷土料理には、やはりその土地の酒がよく合う。

次に出てきたのが「ヒージャーヌチーイリチャー」だ。お経のような名前だが、これは「ヤギの血の炒めもの」という意味である。ヤギの肉や内臓を細かく切り、解体した時に取っておいた血と共に、ニンジンやニンニクの葉などと油で炒め、塩と醤油で調味する。ヤギ特有のにおいのほかに、火で燻《いぶ》された獣臭もついていて、かなりパンチの効いた逸品である。ニンニク醤油で食べるのが一般的で、おろしショウガを薬味にする人もいる。目には目を、くさいにおいにはくさいにおいでマスキングする戦法である。

ヤギ臭があまりにも強烈なので、血のにおいはさして気にならない。むしろ、血を入れたことによって味に深みが出て、実に美味い。

我が輩が沖縄でヤギのレバー料理を一番多く食べたのは「ヤギのニラレバ炒め」であった。ニラとレバーを炒めたニラレバ炒めはどこにでもあるので大好きで、東京にいる時も近くの中華料理屋で豚のニラレバ炒め定食をときどき食べる。しかしヤギのそれはいかがなものかと初めて食べてみると、何ら東京の豚のニラレバ炒めとそう変ったものではなく、幾分ヤギのものの方が味はあっさりしていた。ヤギレバーの臭みは、ニラのにおいでほとんど消されて、あまり感じなかった。

沖縄には「ヤギのチイリチャー」という料理もある。ニラレバ炒めに非常によく似ているので、最初はそうだと思っていたが、そのレバーに似たものはヤギの血を固めたもので、それにニラ、ニンジン、モヤシ、ヤギの腸を炒めた料理であった。これも実に美味い。とりわけ泡盛の肴にすると天下一品の相性だ。那覇市の栄町や旭橋周辺、国際通りの裏あたりに行くと、ヤギ料理専門店が何軒もあり、そこではさまざまな料理が満喫できる。店の中には、「ヤギのレバ刺」や「ヤギ睾丸《こうがん》の刺身」といった生の臓器を出したりする。馬のレバ刺しならすぐに手を出すが、ヤギの場合は、ちょっと躊躇《ちゅうちょ》する。ヤギは牛と同じ偶《ぐう》蹄目《ていもく》の反芻《はんすう》動物であるからで、店がメニューに出すので大丈夫なのだろうと思うのだが、頭の中にそんな蟠《わだかま》りがあって我が輩は食指が動かない。その代りヤギ肉の刺身は嬉しくいただく。ヤギの肉には寄生虫のジストマ菌がいないことがわかり、どこのヤギ料理屋でも、スーパーでもこの刺身を手に入れることができる。ただし、豚の刺身は絶対にいけない。ジストマ菌がいることが多いからである。なお、牛肉の刺身は、国が出している「生食用食肉（牛肉）の規格基準」に適合した調理をした上で客に提供することができる。

ところで我が輩は仲間たちと沖縄県うるま市に行った時、ヤギ料理を食べようと衆議一決したので、あちこち探してみると、石川町という所におあつらえ向きの専門店があった。店に入ってカラフルに色刷りされた料理メニュー冊子を開いて見たとたん、即座に圧倒されてしまった。そこには「ヤギセットメニュー」としてヤギ定食（大）、ヤギ定食（中）、ヤギ鉄板焼き定食、ヤギカレー、ヤギのシチュー、ヤギ汁定食、ヤギボロネーゼなどがある。そして最も感動したのが何とヤギラーメンである。とにかく、この店のヤギラーメンとヤギのボロネーゼは「ガチめしグランプリ」で二連覇を達成したと店内に大きく掲示されていたから本格的である。そのラーメンを注文したところ、何とラーメンにはヤギの肉がゴロゴロと入っていて、フーチバー（よもぎの葉）やモヤシなどもどっと被さっていて、ヤギ好きは見ただけで感涙してしまうほどだった。それも啜《すす》ってみると、とにかくいい出汁《だし》が出ていて、ヤギ肉もチャーシュー的に濃く味つけしてあり、麺も腰が強く、すばらしい変り種ラーメンであった。この店にはほかにヤギ刺身、ヤギレバ刺し、ヤギの金玉刺し（メニュー冊子にはそう書いてある）、ヤギのユッケ、ヤギ焼そば、ヤギチャンプルー（ヤギの炒めもの）、ヤギ串焼き、ヤギチーイリチー、ヤギボロボロシューマイ、ヤギのリゾット、ヤギピザ等々。とにかくヤギ料理の殿堂といっても過言ではなかった。

## 海外のヤギのレバー料理

地理的には、その沖縄とすごく近い台湾に行った時、「炒麻油羊肝《シャオマァイウヤンガヌ》」という料理と出合った。羊肝はヤギのレバーである。台湾では料理用の肉や臓器はヒツジもヤギも「羊」で区別をつけないようだ。そこで、その料理を運んできたボーイに「このレバーはヤギかヒツジか？」と聞くと「ヤギです」と言う。スライスしたヤギのレバーを干したショウガと共にゴマ油でさっと炒めたものであるが、カキソースや醬油、老酒《ラオチュウ》、コショウなど香辛料も上手に使っていて、台湾米酒《タイワンミイチュウ》（米を使った焼酎）に大変よく合っていた。

インドやパキスタンでよく食べられるのが「カレージー」というヤギのレバーのカレーである。毎日のようにカレーを食べているこれらの国では、香辛料も多く使って独特の香味のレバーカレーをつくって食べている。材料はヤギのレバー、タマネギ、トマト、油、塩、水で、香辛料はニンニク、ターメリック、カルダモン、フェネグリークの葉、丁子《ちょうじ》、シナモン、ユーカリの葉、粒コショウである。つくり方は、鍋にたっぷりの油とニンニクを入れて炒め、そこにレバーを入れて絡めながら炒める。さらにざく切りにしたトマトとタマネギ、香辛料を入れて一気に炒める。水を加えてさらに煮込んで出来上りである。

# シカ（鹿）のレバー

シカ（鹿）の肉は比較的脂肪が少なく淡泊でやわらかいところから、獣肉を忌避した時代にも薬喰いと称して愛用されていた。肉の別名詞である「しし」から、イノシシと区別するためにカノシシとも呼んでいた。肉は美味しい上にスタミナ源となるので昔から捕食され、また毛は斑紋が美しいので鞣《なめ》して敷物などに、角は装飾用として珍重されるほか、成長中の角袋は「鹿茸《ろくじょう》」と呼ばれて強壮強精剤として漢方薬に用いられ、薬用ニンジンと共に二大霊薬と称される。

肉は焼いても煮ても汁にしても美味しく、野菜と共に小鍋仕立ての煮食が適すとされ、また味噌漬けなども好まれてきた。ただし、シカやイノシシなどの野生の獣肉の生食は大変危険である。それは生食が原因でE型急性肝炎が発生したり、腸管出血性大腸菌での食中毒が発生したり、寄生虫やウイルスによる発病が過去に見られたからで、厚生労働省でも「七五℃で一分以上の加熱」を定めている。したがってシカの生肉や生レバーは食べることはできない。

近年、シカが著しく増加しているため、その採食が生態系あるいは山林田畑農業に深刻な影響を与えてきた。そのためシカを捕獲して肉を有効利用することが積極的に行われ、ジビエ料理の材料として市中にも出回るようになった。その結果、肉のみならずうま味が強く野趣満点の内臓も料理に使われることになり、中でもレバーは最も注目されている食材である。シカのレバー料理は幾種類とあり、これは日本だけでなく外国では特にこの部位が珍重され、料理の数も大変多い。

## 「シカレバーのテリーヌ豚肉寄せ」——温かいままでも冷やしても美味

やわらかくて臭みの少ないシカレバーはとても使いやすい部位だとされ、テリーヌによく使われる。例えば「シカレバーのテリーヌ豚肉寄せ」は、血抜きしたシカレバー（一〇〇グラム）を牛乳に三〇分ほど浸し、水気を切ってから小さく切り分けておく。タマネギ（八〇グラム）、ニンジン（二〇グラム）、セロリ（二〇グラム）をみじん切りにする。鍋にレバーと野菜を入れ、ブイヨン（一個）と水（二〇〇ミリリットル）を加え、一五分煮たらザルに上げる。新たにみじん切りにしたタマネギ（二〇グラム）とニンニク（一かけ）をオリーブオイルを引いたフライパンで炒め、そこにブランデー（七〇ミリリットル）と砂糖（小サジ一）を加え、塩とコショウで味を調える。ザルに上げておいたレバーと野菜およびフライパンで炒めた野菜をフードプロセッサーで混ぜ、オーブンに入れて一七〇℃の予熱にしておく。そこに食パン（二枚）を牛乳に浸して搾ったもの、豚ばら肉（一〇〇グラム）を細切りにしたもの、卵（一個）を加え、よく混ぜる。それを、ベーコンを焼き型の底と側面に敷いた中に流し入れ、一七〇℃のオーブンで一時間半焼いて型から取り出す。その温かい焼き上りを三〇分ほど寝かせてから食べると実に美味く、また冷蔵庫で冷やしても美味しい。

そのテリーヌをそのままワインの肴にするほか「テリーヌとチーズのサラダサンド」や、「ポテトテリーヌ」（茹でたジャガイモを割ってテリーヌを詰める）、「スモークサーモンのタルティーヌ」、「ガーリックトーストテリーヌ添え」、「テリーヌカナッペ」などに使うとさらに楽しめる。

## 酒の肴にピッタリ「シカのレバーカツ」「ニラレバ」「ショウガ煮」

「シカのレバーカツ」というのもある。これは焼酎の肴に非常によく合う。下処理したレバー（四〇〇グラム）をひと口大に切り、それをヨーグルト（一〇〇グラム）に浸して三時間ほど置く。ヨーグルトを洗い流し、酒（大サジ一）と醤油（大サジ一）、ニンニク（一かけをすりおろす)、ショウガ(一かけをすりおろす)を加えて下味をつける。ボウルに小麦粉(カップ半分)と、卵(一個)を入れ、塩とコショウで味をつけて混ぜ、そこにレバーを入れてからレバーひとつひとつにパン粉をつけて、一八〇℃でキツネ色になるまで揚げて出来上りである。

これを実際につくってみたところ、実に美味しかった。シカのレバーは北海道釧路市にいる知人が送ってくれたもので、カラッと揚げたために衣がサクサクとして、中のレバーがジュワワと崩れてきて、そこから濃厚なうま味がジュルジュルと湧き出してくる。焼酎のお湯割り(六四《ろくよん》割り)に実によく合い、特にしっかりと揚げたためかとても香ばしいレバーカツとなり、これも焼酎とピッタリの相性であった。また、このレバーカツをつくった翌日、我が輩は同じシカのレバーを使って唐揚げをつくってみた。その時は香りづけにカレー粉を使ったところ、どことなくエキゾチックな風味となり、ウイスキーのロックで至福の時間を過ごせた。

レバーなので「シカのニラレバ炒め」も美味いだろうと思いつくってみたが、その通りで実に野趣満点の美味しさが味わえた。「シカ肝の甘辛ショウガ煮」は、最も日本的な料理だったので、日本酒の肴にした。血抜きしたシカのレバーを酒とダシ汁、味醂、醬油、砂糖、多めのショウガ薄切りと共に炒り煮したもので、出来上ったものは黒褐色に光沢していて、レバーの濃いうま味に調味料の甘辛がここちよく、そこにショウガのピリ辛も参入してきて、なかなかのものだった。日本酒の本醸造の中口《ちゅうくち》（辛口と甘口の間）を燗にして飲《や》ったが、口の中ではレバーの方が幅を利かせていた。

## レバーの底力を実感「シカレバーカレー」

「シカレバーカレー」は、よくシカ肉を食べている山間の人とかシカハンターの仲間の間で人気だそうである。そこで我が輩は、本格的なシカレバーカレーをつくってみた。これはあくまで我が輩のレシピだけれど、誰もがつくれて、誰もが美味い!! と唸《うな》るほどのレバーカレーである。下処理したレバー（三〇〇グラム）をひと口大に切る。タマネギ（大一個）とニンニク（一かけ）はみじんに切り、リンゴ（半個）は縦半分に切って皮と芯を取り、一度小口に切ってから細かく切る。厚手の鍋に油（大サジ一）を入れて熱し、タマネギとニンニクを強火で炒め、レバーの半量（一五〇グラム）を加えて炒め続け、リンゴを加え、さらに炒めてから水（一リットル）を加えてかき混ぜながら煮る。煮立ったら火を弱め、あと一五分ほど煮てから市販のカレールー（好みのルーでよろしい。それを四人分）を砕いて加え、さらに一〇分煮てから残りのレバー（一五〇グラム）を入れ、さっと煮てレバーに火が通ったら、そこにグリンピース（市販の水煮缶大サジ三）を加えて終わる。

カレー皿にご飯を盛り、そこにカレーをたっぷりとかけてじっくり見ると、とてもダイナミックだ。肉でもないやわらかそうなレバーがゴロゴロと茶褐色のルーの中で自己主張をしていて、そのあたりに点々と散っている緑のグリンピース。それではいただきましょうかと、スプーンで飯ごとごっそりと取って口に運んで噛んだ。瞬時に鼻孔からルーからの香辛料の快香が抜けてきて、口の中ではレバーが歯に当たってホコリ、ポクリとしながら潰されて、そこから濃厚なうま味とコクとがトロトロと流れ出てきた。すると次に、瞬間的にカレーの軽快な辛みが口中に伝わってきて、そこに飯からの耽美な甘みも加わって、絶妙のカレーであった。

このレバーカレーを食べてみると、通常のビーフやポーク、チキンといった肉カレーとはその食味感覚がかなり異なることに気がついた。先《ま》ずそれは歯応えで、肉はシコリ、シコリといった固形物が当たるような感覚であるのに対し、レバーはポクリ、ホコリ、トロリといった歯応えで、何となく物感的感触の違いを感じた。さらに味の違いである。レバーカレーのレバーが口の中でトロトロと崩れてくるに従い、ルーからの辛みがぐっと抑えられて、とてもマイルドな舌当たりになることである。これこそレバーの底力なのかも知れない。ただしこのレバーカレーは、たまたま釧路から送られてきたレバーが余っていたのでシカのものを使ったが、牛レバーや豚レバー、鶏レバーでも同じような食感が楽しめるので、つくって食べてみるとよい。

## 味は濃厚、食感はマイルド「シカレバーのハンバーグ」

シカのレバーを使って「シカレバーのハンバーグ」をつくってみた。血抜きしたシカレバー（三〇〇グラム）を小口大に切り分け、バター（大サジ一）で炒めてから俎板《まないた》の上で包丁で叩き、細かにする。食パン（一枚半）は手で細かくほぐし、牛乳（大サジ一）で湿らせ、バター（一五グラム）とタマネギ（半個）はみじん切りにする。ボウルにレバーとパン、バター、タマネギ、卵（一個）、塩（小サジ半分）、コショウ（少々）、ナツメグ（少々）を入れ、手でよく混ぜ空気を抜くように（透き間があまりないように）押しつけておく。手に油をつけ、それを一・五センチの厚さの円形にまとめ、厚手のフライパンに油（大サジ二）を引き、強めの火で焼き色をつけ、裏返しにしてこちらも焼き色がつくまで焼き、ここでフライパンに蓋《ふた》をして火を弱め、あとは一五分焼いて火を通し大きな皿に盛る。次にソースをつくる。フライパンに残った焼き汁に白ワイン（五〇ミリリットル）と湯（五〇ミリリットル）を入れて中火でかき混ぜながら煮立て、アルコール分を飛ばし、そこにトマトピューレ（大サジ三）とウスターソース（小サジ二）、砂糖（小サジ二）、塩（少々）、コショウ（少々）を加えてひと煮立ちさせる。これでソースは出来上ったので、ハンバーグにかけて完了。

このハンバーグはとにかくでかい。優に四人前はあるので一人で喰うにはでか過ぎる。だから客や友人が来る時につくって、酒でも飲みながらワイワイと賑やかに食べるのがよい。牛や豚の挽き肉を使った本格的なハンバーグとは外見にそう違いが見られないものの、味や食感ではかなり区別ができる。先ず味は、シカレバーのハンバーグの方が遥かに濃厚である。バターを多めに使ったせいかコクもぐっと迫ってくる。また牛や豚のハンバーグは、肉の固形物が歯に応えてコリリ、コキリとするのに対し、シカのレバーではトロリ、ペトリとやや滑らかで、実にマイルドである。だから我が輩は、このシカレバーのハンバーグをパンにはさんで「シカレバーのハンバーガー」にしてみたところ、パンとの相性が抜群で、とても美味しいおやつになった。

## イノシシ（猪）のレバー

イノシシ（猪）は豚に似て丈は低いが短身肥大で、体重七〇キロから大きいものでは一〇〇キロを優に超えるものがいる。性質がいたって勇猛で、これを馴化《じゅんか》させたものが家畜の豚だといわれている。肉がすこぶる美味なために古来、狩猟獣として珍重されてきた。俗に「山鯨《やまくじら》」というのは、鯨と同じく脂肪豊富な意味と、獣肉忌避時代の隠語であり、また美称して「牡丹《ぼたん》」と呼ぶのは「牡丹に唐獅子」の「しし」の縁語と、馬肉の「桜《さくら》」に対応したものである。

北大路魯山人《きたおおじろさんじん》や本山荻舟《もとやまてきしゅう》といった、近代のいわゆる食聖といわれる人たちの本を読んでいると、イノシシの肉の美味しい食べ方は大体が一致しているように思われる。それらをまとめてみると、原則として獣肉は焼いて喰うのが最も美味く、イノシシの肉も薄切りにして一〇分間ぐらいショウガ醤油に浸けてから焼き鍋か金網にでものせて焼く。一度裏返して色が変ったところでさっと喰うのが最も簡単で美味だということである。また、猪鍋も美味しい仕方はほぼ共通していて、肉をネギ、焼き豆腐、白滝、笹がきゴボウ、セリなどと共に好みの割下《わりした》で煮食するものが一等賞の味がするという。また、淡泊な味を好む時には、ざっと湯がいた肉を用意し、大根とニンジンの半月切り、ネギの五分切りと共に淡《うす》めた割下で煮て喰うとよい、としている。さらに多くの本にイノシシ肉を不思議がるところがよく出てくる。それは、肉を大根あるいはニンジンと共に煮るとすぐにやわらかくなるというのである。その上で、大抵の肉類はちょっと煮過ぎるとさらに固くなるものだが、イノシシ肉に限っては長く煮るほどやわらかくなるのはどうしてなのだろうか、といったことが書かれている。

我が輩も小さい時から実によくイノシシ肉を食べた。生まれ育った阿武隈《あぶくま》高地や、磐城《いわき》の山々にはイノシシがとても多く生息していて、イノシシ専門の猟師も沢山いた。正直言って今の市販の豚肉なんててんで問題でないほど味が濃く、うま味は圧倒的にイノシシ肉に軍配が上がる。中でも脂肪身《あぶらみ》の美味さは只事《ただごと》ではなく、コクがあるだけでなく微かに甘みを感じさせる不思議さがある。我が輩はある時、イノシシ肉の解体の時に出たスペアリブ（骨つきばら肉で、肋《あばら》肉のこと）を焙《あぶ》って喰ったところ、そのあまりの美味さに気を失いそうになったことを覚えている。イノシシの肉は本当に美味いのである。

我が輩は一九九四年から毎週一回、日本経済新聞に「食《く》あれば楽あり」というコラムを連載中で、二八年目を迎えた。この間、一度も休載はなく、よくがんばってきたと我ながら自分を褒《ほ》めている。そこでも紹介したことがあるのだが、かつて我が輩はイノシシの肉を愛《め》でるすばらしい機会に出合った。我が輩がいかにこの獣の肉を愛好しているのかを知っていただくために、そのエピソードを紹介しておくことにする。

## 「猪食った報い」の体験

酒飲み仲間の郡司節男さんは、冬季になると阿武隈山地を駆け回り、イノシシを追うハンターだ。今年も何頭か仕留めたというのでおすそ分けの肉を送ってくれた。届いたのはロースの部分で、白い脂身と赤い肉身が鮮やかで、食べる前から涎が出て止まらなかった。

やや厚めに切ってから金串に刺し、炭火で焼き上げたものに、ただ塩だけ振って食べたのだが、それが正解にして絶妙だった。野生獣肉特有の味の濃さと、力強いがきめの細かい脂肪のコク味がすばらしく、中でもその脂身の部分がちょっと焦げかけて、キツネ色になった部分を食べると、カリカリという感触と同時に香ばしいにおいと、やや甘みのある脂肪の味が湧き出してきて悶絶寸前となった。

食聖・北大路魯山人でさえ「食道楽七十年を回顧し、後にも先にも猪の肉がこれほど美味いと思ったことはない。我が輩が食物の美味さということを初めて自覚したのは、実は猪肉であった」と述べている。

「猪《しし》食った報い」というのは、イノシシ肉には脂肪分が多く、これを喰えば非常に温まるところから、「猪食ったらぬくい」と言ったのが転じて「報い」になったとの説はこじつけである。本意は「獣（イノシシやシカ）の肉はとりわけ美味い。人がなかなかできないいい思いをしたのであるから、その埋め合わせに当然悪報も受けなければならぬ」というもの。イノシシやシカを食べることは伊勢神宮で忌まれたことであり、その悪事をしたのであるから、当然受けなければならない報いを言ったのだという説もある。

送られてきたイノシシ肉は、いろいろな食べ方を楽しんでみた。ネギ、焼き豆腐、白滝、笹がきゴボウ、セリと共にすき焼き風に煮込んだ「猪なべ」、ネギ、ニンジン、笹がきゴボウなどで豚汁仕立てにした「猪汁」も美味だが、極めつきは味醂《みりん》漬けだった。

味噌に味醂を加えてややゆるめ、ネギとショウガを刻み込んだものを混ぜて漬け床とする。そこにガーゼに包んだやや厚めに切ったロース肉を漬け込んで、それを三日目に取り出して遠火にかけて焙《あぶ》って喰った。あまりの美味さに、飯は何杯も胃袋に収まったまではいいが、翌日は食べ過ぎがたたって食欲もなくひどい目に遭った。これも「猪食った報いなのかなあ」と思った。

## 阿武隈高地の猟師料理

「イノシシのレバーの燻製」は、阿武隈高地の猟師たちがよくつくるもので、友人の郡司節夫さんにつくり方を教えられたことがあった。一度つくって冷蔵庫に保存しておくと、かなり長持ちするので酒の肴に重宝である。彼らは自家製の燻蒸箱（スモーカー）を持っていて、イノシシの内臓というよりは肉そのものを燻製にして保存しているのである。そして、たまにイノシシが何頭も捕れるとレバーも大量に出てくるので、スモークしているのである。先ず血抜きしたレバー（大体五〇〇グラム）をたっぷりの水に入れて火にかけ、三〇分茹でてザルに取る。それにたっぷりの塩を塗り、ファスナー付きのビニールバッグに入れて冷蔵庫で一夜寝かせる。表面の塩を流水で落とす。表面がぬれていると煙の成分がつきにくいので、水気を拭き取ってから乾風に晒《さら》して表面を乾かす。スモーカー内に吊るし、チップに火をつけて煙を出す。その燻製の方法には三種あり、「熱燻法《ねつくん》」は一〇〇℃以上の煙で燻《いぶ》すため、グリルで焼いたような味となり、彼らはこの方法でイノシシの肉をロースト状にしていた。「温燻法」は生の風味を損なわずに、六〇℃から八〇℃の煙で乾燥させせながらほどよい燻香をつける手法で、彼らはこの方法で塩漬けしたロース肉や腿肉《ももにく》をハムに加工していた。また「冷燻法」は素材を生に近い状態に保たせ、しっとりとした食感を残すために、煙の温度を五〇℃以下に抑えて何日もかけて燻す方法である。冷燻法でつくったレバーは、しっとりとしていて実に味は濃厚だ。

そのレバーの燻製を切り分けて、一個を口に入れて噛んだ。するとレバーはポクリと裂けて、中から濃厚なうま味がジュワワーンと湧き出してきて、鼻孔からは香ばしい煙香が抜けてきて、美味である。我が輩は、彼らがつくったイノシシのレバーの燻製をいただくと、酒は決まってウイスキーのロックにしている。勿論、ウイスキーにも鼻をくすぐるような素適なスモークフレーバーがあり、この肴とはとても相性がよいのである。

「イノシシのレバーのニンニク炒め」も彼らの得意料理であった。簡単にでき、すぐに酒のあてになるから重宝だと言っていた。フライパンに油を熱して、千切りにしたニンニク（六片一個まるまる分）とショウガ（一かけ）を炒め、レバー（三〇〇グラム）をスライスしたものを加えて炒める。レバーに火が通ったら酒（五〇ミリリットル）と醤油（大サジ二）、砂糖（大サジ一）、だし汁（五〇ミリリットル）を加え、さらにどんどん炒めていって、煎りつけて仕上げる。

これを実際につくって食べてみたが、確かに簡単、そしてとても美味しかった。何といってもレバーのコクのある滑らかなうま味に、しっかりとニンニクのうま味と甘み、香りがついて、どうにも箸は止まらなかった。

## ビール、日本酒、焼酎なんでもござれ

ブタのニラレバ炒めがあるのだから、イノシシのニラレバ炒めも美味だろうとつくった

が、これはもうブタのレバーよりも遥かにイノシシのレバーのニラレバ炒めの方が美味で、それを丼に盛った温かい飯の上にぶっかけて「イノシシのニラレバ炒め丼」をつくって喰ったところ、その美味しさに我が輩は腰を抜かし、舌は躍り、頬っぺたは落ちた。

血抜きしたイノシシのレバー（二〇〇グラム）を小口切りにし、それを熱湯で茹でながら灰汁《あく》をどんどん取り去り、ザルにあけて水気を切り、それに塩を振っただけの「イノシシレバーの塩茹で」はイノシシのレバーの真味《しんみ》を知るには絶好の食べ方である。これを食べると、レバーからジュルジュルとうま汁が流れ出てきて、それを塩味が上手に囃《はや》すものだから、ビールのあてにとても似合っていた。

「イノシシレバーの味噌煮込み」は血抜きなど下処理をしたレバーを、熱したフライパンで千切りにしたニンニクと、ショウガ、鷹の爪と共に炒め、それに塩とコショウをする。そこに赤味噌、赤ワイン、味醂、醬油を加えて味をみながらざっと炒め、全体をタレのとろみで絡ませたものである。

この料理の出来上りは赤みを帯びた飴色で、全体が光沢していて美しい。味噌を使うことによりレバーの臭みが抑えられ、さらに全体の味が和らいでくる。レバーの表面に光沢が出たのは味醂を使ったからで、総じて日本酒の辛口の燗酒に実によく合った。

味噌を使うといえば、本格的な「イノシシのレバーの味噌炒め」は郡司さんらの得意技である。下処理をしたレバー（六〇〇グラム）はひと口大に切って衣（卵の白身一個分）と片栗粉（大サジ二）を絡め、揚げ油を一四〇℃に熱してさっと揚げる。中華鍋に油（大サジ二）を熱しニンニク（二かけ）を中火で炒め、香りが出たら強火にしてレバーをさっと炒め、合わせ調味料（味噌大サジ二、砂糖大サジ一、醤油大サジ一、酒大サジ一を合わせたもの）を加え、手早く味を絡め、片栗粉（小サジ一）の水溶きを加えてとろみをつけ終了。

この味噌炒めもとても美しい赤色素の飴色となり、食べると味噌のうまじょっぱみとレバーの濃厚なうま味とが口の中で融合し、クセになりそうな味に引き込まれる。ビールのあてにもよいが、芋焼酎のロックなどにも合う肴だ。

## エキゾチックな味わいも

「イノシシのレバーの串焼きヨーグルト風味」は、金串で焼き、ヨーグルトを使うので本場のシシカバブ（中東や西アジア全域で食べられている肉の串焼きで、「シシ」とはトルコ語で「肉」、「カバブ」はロースト肉を意味する古代アラム語）の雰囲気の料理である。下処理したレバーは水気をよく拭き取り、二〜三センチ角の大きさに切る。金串に四〜五個ずつ刺し（火が通りやすいように少し間をあけて刺す）、下味の塩、コショウ、セージを少しずつ万遍なく振ってからバットなど、串が入る器に並べて置く。つけ汁（プレーンヨーグルトカップ半分にオリーブオイル大サジ三、レモン汁小サジ二、塩少々、コショウ少々を加え、よく混ぜたもの）をレバーにむらなくかけ、冷蔵庫内で一時間ほど寝かせる。天板に串に刺したラムを並べ二〇〇℃の天火の上段に入れ、約一〇分焼き、指で押して弾力がついたら完了。

これは日本の焼き鳥屋のレバー焼きに似ているが、ヨーグルトを主体としたつけ汁と、金串を使ったあたりがシシカバブに近い。我が輩もずいぶんと本場でシシカバブを食べてきたが、本物はラム（羊）またはヤギあるいは牛肉で、レバーではない。だけど、このようにレバーでシシカバブ風に焼いてみると、味といい、歯ざわりといい、肉では味わえないエキゾチックな妙味があって楽しいものである。

もし、このイノシシのレバーの串焼きをさらにシシカバブの風味に近づけるには、レバー三〇〇グラムに対し次の配合のつけ汁をつくって焼き上げたレバーに絡めると、あっという間にシシカバブ擬《もど》きとなる。プレーンヨーグルト（大サジ二）、すりおろしタマネギ（二五グラム）、おろしニンニク（一かけ）、トマトケチャップ（大サジ一）、塩（小サジ半分）、クミンパウダー（小サジ三分の一）、チリペッパー（少々）、コショウ（少々）、オリーブオイル（小サジ半分）。

このつけ汁に使う調味料の中で特に中近東や西アジアの肉料理に欠かせないのが、クミンパウダーである。どこのシシカバブの店や屋台からも、このクミンのにおいが煙と共に漂ってくる。クミンはセリ科の一年生草本で、中東からインドまで広がる広大な地域に自生する植物の種子（植物学上では果実）である。この長さ五～六ミリの長楕円形の種子には強い芳香と苦み、そして辛みがあり、インド風カレーの重要な香辛料としても用いられて、その種子を乾燥したものがクミンパウダーである。香辛料としてのクミンの歴史は大変古く、紀元前一六世紀の古代エジプトの医学書『エーベルス・パピルス』にも記載されていて、古代王朝の墓所からも副葬品の中から発見されている。薬用、香辛料、美容に使われていたという。

なお我が輩は数年前に、阿武隈高地に住む孤独なイノシシハンターを主人公にした『猟師の肉は腐らない』という小説を書いた（新潮社刊、二〇一四年）。野生に生き、イノシシを追う逞《たくま》しい一人の人間に興味を示されたら、読んでみると心が爽快になる。

Kimoseihin wo kuu

# 肝製品を喰う

# レバーのソーセージ

ソーセージとは牛、豚、羊の腸などに各種の調製した獣肉や魚肉を詰め、乾燥または湯煮または燻製した保存食品。血液、内臓、穀物、野菜、香辛料などを混ぜたものなど種類が多い。日本では明治一〇年（一八七七）に開かれた「内国勧業博覧会」の出品解説の中に「腸詰」という言葉が見られる。

古代ギリシャの記述に「アッシリア人は動物の血を腸に詰めたものを食べている」とあり、また二世紀にはギリシャの文法家アテナイオスが『食卓の賢人たち（ディプノソフィスタイ）』で「ブーダンを発明したのは古代ローマのアプトニタスという人である」と述べている。ブーダンとは豚の血と脂を腸に詰めたものである。これらのことから、ソーセージの製法は相当古い時代にアッシリアからギリシャを経てローマに入ったというのが今日の定説になっている。

実はそのソーセージの発明のきっかけは、傷みの早い血液や肝臓などの内臓を調理したり保存する必要があったためと考えられている。すなわち屠《ほふ》った直後の動物の血あるいは細片した内臓を一緒に腹から出てきた腸に詰めて煮たり焼いたりして食べたことに始まるのであろう、と考えられるからである。

かつて欧州では、古くから初冬に豚を屠畜《とちく》し、越冬の備蓄食品として、精肉と内臓を大いに利用した。勿論、捨てるものなど何もなく、例えばフランスには脳みそ（脳髄）を意味する「セルヴラ」という名のソーセージがあり、これは脳みそを腸に詰めた保存食品である。とにかく畜肉文化を大昔から持つ西欧各国では、内臓を精肉と同等、あるいはそれ以上の価値を持つものとして扱い、珍重してきたのである。

例えばそれがよくわかるのは、フランス各地にある肉のマーケットである。そこへ行くと内臓専門の売り場があり、生の内臓を売るところは「アバ・ルージュ」（赤い内臓）、それをボイルしたものは「アバ・ブラン」（白い内臓）と分けられている。売られている臓器は脳髄、心臓、肝臓、腎臓、肺臓、脾臓《ひぞう》、胃、大腸、小腸、耳、舌、鼻、口唇、食道、乳房などである。動物は牛、豚、羊、山羊、鹿、馬、猪、野兎《のうさぎ》、鶏、家鴨《あひる》、野鴨、その他何種類かの野鳥などの内臓である。

中世においてつくり出された内臓のソーセージで最も有名なものは、イタリアのモルタデッラである。このソーセージは「中世技術の中枢」と呼ばれ、さまざまな発明を生んできたボローニャの僧院でつくられたもので、モルタデッラの語源は、原料をすり潰す鉢（モルタイオ mortaio）に由来する。今のモルタデッラは、豚精肉や豚脂だけを原料にして風味のよい製品になっているが、当時の記録では、牛や豚、羊、馬などの舌、胃袋、肝臓、心臓、腎臓、小腸、大腸、肺臓、脾臓、横隔膜、豚皮、尾、牛の乳房、口唇を使ったという。しかし、一五世紀に入るとモルタデッラは改良に改良を重ね、ついに美食の都ボローニャにふさわしい豚肉だけの美味しいソーセージになったのである。

さて、これからソーセージの話をするのであるから、その基本的な知識を備えておかねばならない。先《ま》ずつくり方であるが、生肉もしくは塩蔵肉の小間切れや挽《ひ》き肉、脂肪、それ以外の調理素材（血液や内臓、皮など）を細切りにし、塩や香辛料を加えてから混合し、ケーシング（材料を詰める腸管や膜のこと）に詰め、その後乾燥するタイプ、燻煙するタイプ、湯煮するタイプ、カビつけするタイプなどに分化していく。

種類にはいろいろあるが、先ず「フレッシュソーセージ」は原料の挽き肉に塩と香辛料のみを加え、加熱しないでケーシングに詰めたものである。殺菌もしていないので傷みが早く、賞味期間はごく短く冷蔵庫内で保存しても四～五日が限度、食べる前に必ず加熱することが必要なソーセージである。「スモークドソーセージ」は、原料の挽き肉を塩や香辛料を加えてからケーシングに詰め、燻煙をかけて加熱したものである。一般的なソーセージでウィンナー、フランクフルター、ボロニアなどが代表的。「クックドソーセージ」は、原料に血液や内臓を使用したもので、傷みが早く、また汚染しやすいので、製造工程で必ず水加熱（スチーム加熱や湯煮など）しなければならない。ブラッド（血）ソーセージやレバー（肝）ソーセージ、タン（舌）ソーセージなどがこれに入る。「ドライソーセージ」は、ケーシングに詰めた後、長期間（一〜三ヵ月）の乾燥と乳酸発酵を施したもので、安全性が保たれている。したがって、加熱処理加工を必要としない。「セミドライソーセージ」は、ドライソーセージより短期間（二〇日以内）の乾燥と乳酸発酵を行うもので、一般に加熱工程を必要とする。

次に肉や内臓を詰めるケーシングについて述べておく。西欧では、古代から畜肉の内臓を大切に使ってきた証《あか》しの一つとして、このケーシングが発明された。利用されてきたケーシングの材料は動物の小腸、大腸、胃袋、盲腸、膀胱《ぼうこう》、脚の皮、内臓膜、結腸、直腸、鳥の頸《くび》（食道）などであった。「腸詰」という言葉が使われたのも当然の話である。現在でも西欧ではそれらの天然ケーシングが圧倒的に多く利用されているが、日本で一般に使用されているのは、天然ケーシングでは動物の小腸と大腸、人工のものでは牛皮の真皮層からコラーゲンを抽出し、それを処理してつくった再生コラーゲンを素材とした可食性のケーシングや非可食性のセルロース系ケーシングなどが使われている。ケーシングに素材を詰める方法は、昔は手詰めであったが、今はピストン型スタッファーやポンプ型スタッファーを使い、自動的定量充填と連続運転の可能な機器を使っている。

ソーセージの種類は非常に多く、それも国々によって使用する素材や製造方法も異なるのでとても複雑多岐である。これから述べるのは「肝を喰う」という本書の軌道に則《のっと》って、ケーシング内に肝の入っているソーセージのみについて述することにする。

先ず、日本のソーセージで肝臓を入れたものは「レバーソーセージ」と表示されているもので、生産量はそう多くない。食肉にレバーを混ぜてつくる中形から大形のソーセージで肉とレバーは細切りにし塩漬剤《えんしざい》、香辛料、調味料、デンプンなどと練り合わせ、豚腸か牛腸あるいは同程度の太さの人工ケーシングに詰める。腐敗しやすいため、通常のソーセージより加熱条件は厳しく、七〇～八〇℃で四〇～一五〇分程度湯煮または蒸煮する。品質表示基準の定義では使用する肝臓の量が食肉量を下回ることと定められているが、実際には豚や牛の肝臓を食肉量の一〇～三〇パーセント使用している。

さて、このレバーソーセージ、日本では生産量が少ないが、ドイツ、オーストリア、ハンガリー、クロアチア、スロベニア、セルビア、オランダ、フィンランド、スウェーデン、ノルウェーなどでは豚のレバーを使って非常に多くつくられ、消費されている。そのままスライスしてパンにはさんだり、ペーストしてバターと混ぜパンに塗ったり、厚切りのステーキで楽しんだりしている。ドイツではレバーヴルストと呼び、それぞれの家庭にレバーヴルストのレシピがあるという。料理にタマネギやベーコンを共存させるかどうかなどの議論も活発で、独自のレバーヴルスト文化を持つ地域もあるそうだ。また北米ではレバーソーセージをブラウンシュヴァイガーと呼び、スプレッド（塗りもの）として塗ることもできるやわらかいレバーソーセージをつくり愛好している。また赤タマネギ、マスタードと共にライ麦パンのサンドイッチに使っている人もいたり、スライスしたピクルスと共にサンドイッチにしたりしている。ハンガリーは豚の消費量が世界的に高いので、レバーソーセージも多くつくられ、オープンサンドイッチに使われたり、オーブンで焼かれるパンケーキにチーズと共に詰められたりして食べられている。

我が輩は那覇で「レバーソーセージのチャンプル」を食べたことがあった。モヤシとニラをゴマ油で炒めながら、そこに薄めに切ったレバーソーセージを加えてさらに炒め、途中チャンプルの素（沖縄独特の調味料）を加えて味をつけ、最後に溶き卵を上から回しがけしてとじたものである。

それを皿に盛ってもらい食べた。モヤシとニラのシャリリ、シャリリとする中にレバーソーセージのホコリ、ポコリとする歯応えは妙で、またソーセージから出てくる肉とレバーの濃いうま味がチャンプル全体の美味しさを押し上げる形となって、泡盛の古酒《クース》にもよく合い、あらためてレバーソーセージの底力を実感したのであった。

インターネットを見てみたら、「レバーソーセージと大根のステーキ」という、実に美味しそうな写真が載っていた。我が輩は我が廚房「食魔亭」で早速つくってみることにした。つくり方は、大根（四分の一本）の皮をむいて一・五〜二センチの厚さに切る。鍋に大根と水（六〇〇ミリリットル）、固形スープの素（一個）を入れ、大根がやわらかくなるまで弱火で煮る。レバーソーセージ（一〇〇グラム）は五ミリ幅程度に切る。煮た大根は、キッチンペーパーで水気を取り、バターで両面に焦げ目がつくまで焼く。大根を取り出し、同じフライパンにオリーブオイル（大サジ一）とスライスしたニンニク（半片）を入れて香りが出るまで炒め、コショウ（少々）を振ったレバーソーセージを焦げ目がつくまで焼く。皿に大根を並べ、その上にレバーソーセージをのせ、好みの野菜をつけ合わせる。同じフライパンに水（二〇〇ミリリットル）、ケチャップ（大サジ四）、ウスターソース（大サジ四）を加えトロリとなるまで弱火で煮詰める。このソースを大根とレバーソーセージの上からかけて、出来上り。

皿の上にのっているこの料理の何と美しいことか。白い大根の上に赤銅色のレバーソーセージがドンとのっていて、その全体を茜《あかね》色のソースがトロリと被っていて、全体が晴天の西の空のように燃えている。先ずレバーソーセージをナイフで切り取り、口に入れて噛んだ。するとソーセージはムチリ、ポクリといった感じに歯に応え、そこから濃いうま味がジュルジュルと出てくる。また大根を切り取って食べると、こちらはホコホコとやわらかく崩れていって、そこからは誠に上品な甘みがチュルチュルと湧き出してくる。そして、その全体を赤いソースのうま味と酸味と微かな辛みが包み込んでくる。そこで、それっ！　とばかりに甲州産の赤ワインをワインセラーから取ってきて、その料理を肴に飲《や》った。ワイングラスに注いだワインレッドの輝きと、レバーソーセージと大根のステーキの茜色の夕陽は実に美しかった。

　イギリスのスコットランド特産のソーセージに「ハギス」（haggis）というのがある。羊の生のレバーと膵臓《すいぞう》、ボイルした羊の心臓と腎臓を粗切りにし、これにスエット（牛や羊の腎臓に付着している脂肪）、豚脂の角切り、タマネギ、オートミール、塩、コショウを加えて挽く。さらに水を加えて混ぜてから、ケーシングの羊の胃袋に詰める。オートミールは水分を吸うと膨張して破裂するため緩く詰める。ケーシングの両端を結び、針を数ヵ所刺して通気孔をつくる。それを蒸し器に入れ、蒸し上げる。食べる時はスコッチウイスキーを振りかけて食べる。

　ドイツのソーセージの歴史は古く、昔から国内でさまざまなソーセージがつくられてきて、その種類は一五〇〇種以上だという。その中には、肝臓を主原料にしてつくるソーセージも多く見られる。ドイツ語でソーセージのことをヴルスト（Wurst）といい、デリカテス・レバーヴルスト（Delikatess-Leberwurst）はその代表的なソーセージである。豚の新鮮な生の肝臓を四割、塩漬け（八〇℃で加熱した良質な豚のばら肉）六割を合わせ、そこに食塩とさまざまな香辛料、タマネギなどを加え、これらを十分細かく切り、直径五～六センチになるよう豚の腸に詰め、八〇℃で一時間湯煮または蒸煮し、その後冷燻する。このソーセージの外観はとてもクラシックというか素朴で、腸に詰める生地の配合や細断の加減、豚腸（ケーシング）の太さや長さなどでデコボコになったり、曲ったりと面白いのである。ところが美味しさの評判は高く、レバーの含有量が高いのでとてもやわらかく、パテのようにパンに塗って食べるのである。

我が輩はドイツ西南部にあるシュトゥットガルトのワインクナイペ（ワイン居酒屋）で、このデリカテス・レバーヴルストをプンパニッケル（ドイツの伝統的なライ麦パンで、酸味のある黒いパン）に塗りながら、辛口で知られるトロッケンワインを飲《や》ったことがある。黒パンに合う同系色のソーセージ。そこにパンからの爽やかな酸味と辛口のトロッケン。食の相性というのはこういうものなのか、と教えられたシュトゥットガルトの夜だった。

カルプス・レバーヴルスト（Kalbs-Leberwurst）は子牛（Kalb）の肝臓を使ったソーセージである。そのレバー七割から八割を使い、そこに二割から三割の子牛肉を加え、塩や香辛料を加えてから十分に細断し、ケーシングに詰める。それを湯煮または蒸煮し、冷まして三〇～四〇℃になったところで、ソーセージを麵棒のように転がし、表面をよくマッサージする。それを丸のまま一本、あるいは注文に応じた長さに切って販売されている。肝臓の使用量が多いので、ソフトタイプのソーセージに仕上り、これもパン等に塗って食べる。

チューリンガー・ロートヴルスト（Thüringer-Rotwurst）はドイツのチューリンゲン地方の「赤いソーセージ」という意味。ドイツのソーセージを代表する製品の一つで、豚の血液と肉、肝臓を使った美味しいソーセージである。加熱済みの豚肩肉と頭部の肉、豚の肝臓、血液、舌を混ぜ合わせ、香辛料にコショウ、マージョラム（シソ科の多年草でハーブとして使われる）、ピメント（赤く大きなハート形の唐辛子）、クローヴ、生タマネギを加え、豚の腸に詰め、一〇〇℃で一五分、八〇℃では一〇五分間湯煮した後、冷燻する。

出来上ったソーセージは、ゴツゴツした感じで燻《いぶ》しているので表面が黒々としており、外観は武骨感を漂わせるが、切ってみると中は赤褐色で美しく、点々と白い脂肪身が散らばっている。切ってから炭火またはフライパンで焼いて食べるが、焼くととても香ばしい香りが出てきて、食べると独特のスパイス感がある。

# パテとテリーヌと肝

パテ（フランス語 pâté）とテリーヌ（フランス語 terrine）の概念は、用語が入り乱れていて名称では分類できないという。本来、パテはパート（パイ生地）を用いてこの生地で具を包んで成形し加熱調理するものである。一方、テリーヌは陶製の器が語源になっていて、これに具を詰めて成形し加熱調理するものである。これらの生地と具の組み合わせやその調味法や形態はとても多様であるが、いずれにも共通するのは主材料をペーストにしたファルスと、芯に用いられる最上の具材ガルニチュールで構成されることである。

その高級な素材にはフォアグラやトリュフ、ジビエ（野鳥獣）の肝、リ・ド・ヴォー（子牛の胸腺）などが用いられる。冷製の仕上げにはジュレ（動物質のゼラチンを調味したもの）を上がけする。今日ではムール・ア・パテという型の焼き型に入れたパテもあれば、パート（パイ生地）で包んであってもテリーヌと呼ぶ製品もあり、いろいろだ。

パテやテリーヌは多くの国々でつくられている。各国のパテおよびテリーヌのカテゴリーに属する呼称にはフランス語圏はパテ、英語圏ではパイ、ドイツ語圏はパステーテ、スペイン語圏はエンパナーダ、ロシア語圏はクレビヤーカ、イタリア語圏はパスティッチョ、ポルトガル圏はパテ、フィンランドのリハムレケピイラス、モロッコのパステーラ、ギリシャのピッタなどである。

フランスのパテでよく知られているのが、パテ・ド・カンパーニュである。田舎風パテを意味し、豚の肝臓を用いる。豚肉、豚肝臓、豚脂を合わせて粗挽きし、タマネギを加え、塩、コショウ、ジュニパー・ベリー（セイヨウネズの果実を乾燥させたスパイス）などで調味して生地をつくり、テリーヌ型に詰めてオーブンで焼く。出来上りの温かいものを食べるのも美味しいが、つくり置きした冷製でも前菜として喜ばれる。フランスの家庭でもよくつくられるパテだが、今はシャルキュトリ（豚肉惣菜店）でも購入できる。

同じフランスのパテ・ド・フォワ・ド・ポールも豚肝臓の風味を生かしたパテである。伝統的な製法では、豚肝臓、豚ばら肉、豚脂をごく細挽きにし、塩、コショウ、各種香辛料で調味する。薄く板状にした背脂肪を広げ、その生地を巻き込み、角型の耐熱容器に詰め、オーブンで焼き上げる。滑らかな食感が好まれ、オードブルに供される。

フランスのパテには豚の肝臓を使うことが多い。コンフィ・ド・フォワ・ド・ポールもそれで、コンフィは豚肝臓の意味である。豚の肉に豚の肝臓と脂肪を合わせ、それを細断して塩漬後、鍋で煮込む。これに塩、コショウ、ニンニク、ナツメグ、マージョラムを加え調味する。陶磁器の型の底にラードを敷き、煮込んで調味した生地を詰めて再び加熱して仕上げる。表面をラードで覆って保存し、パンを添えて供する。

パテ・ド・フォアグラはフランスの伝統的なパテで、ガチョウや鴨の肝臓を肥大化させたフォアグラ主体でつくる。古代ローマ時代、すでにイチジクの実で飼育したガチョウでフォアグラがつくられていたという。フォアグラそのままをパテやテリーヌに使うし、さまざまな料理の材料に使われている。フランスのトゥールーズ、ストラスブール、ペリグー、ナンシーが名産地であり、つくり方や製品に厳密な規格と等級がある。

フリカンドーはフランスのオーヴェルニュ地方の伝統的な豚肝臓を使ったテリーヌである。豚肝臓と豚肉の粗挽きに塩、コショウ、ニンニク、ナツメグ、白ワインを加えて調味し、円盤形にまとめて網脂《あみあぶら》（内臓の周りについている網状の脂肪）で包む。それをオーブンで焼き、冷ましてからジュレ（調味したゼラチン）を添えて供する。また、生地を丸めてテリーヌ型に入れ、それを網脂で覆ってオーブンで仕上げ、温製で供するものもある。

ムースはフランスのテリーヌのようなものである。卵やクリームを加えて泡立てることを特徴にしている。伝統的な製法は、ガチョウの肝臓と肉をピューレ状にし、そこに泡立てた卵あるいはクリームを加えて、薄くやわらかい絹布のようにふんわりと仕上げる。通常はガチョウの肝臓をポートワインで風味をつけ、テリーヌ型に入れて焼き、表面を脂肪で覆う。

イギリスのスモークド・レバーは豚の肝臓を用いた（羊や牛の肝臓を使う場合もある）製品である。血抜きしたレバーを砂糖、白ワイン、塩、コショウ、ニンニクなどで調合した調味液に漬けて味を染み込ませ、八〇〜九五℃で中に火が通るまで湯煮し、表面を乾燥させた後、熱燻を施して仕上げる。それをスライスしてオードブルやコールドミート（冷肉）としてそのまま食べる。

以上のように代表的なパテやテリーヌ、ムースなどを述べてきたが、多くの場合は豚や牛、羊、ジビエ、鳥類の肝を使っている。その理由は肝には深いうま味とコクがある上に、これを使って仕上げると、とてもスムーズ（滑らか）アンドクリーミィ（クリームのようなやわらかさ）な食感を舌に与えることができるためである。

今の日本には、フランスやイタリアなどで修業してきたシェフや、独学でフランス料理などを勉強して自立した料理人が多く、本場の料理にも負けない腕前を持った厨房人が沢山いる。我が輩は農林水産省料理人顕彰制度「料理マスターズ」において審査委員を長く委嘱されていて、実際にレストランやビストロ、リストランテに足を運び賞味鑑定する機会が多いので、そのあたりの実状は把握しているつもりだ。そこでいつも思うのは、いかに日本人の料理人の腕前が高度なものであるか、ということである。フランスでもイタリアでもドイツでも、我が輩はずいぶんと旅をしてきて舌を躍らせ、頬っぺたを落としてきたのであるが、それらの本場の料理人に比べて日本の料理人は決して引けを取らないばかりか、いやもっと上だな、と思わせる達人が何人もいるということである。そのため我が輩は、レストランに行くと、食事の前菜としてよく出されるパテやテリーヌにいつも注目している。この最初の味の出来具合いが、後の料理への期待に繋がるからである。

最近は客を招いてのホームパーティーや、自分のための食前酒のお供にカナッペやブルスケッタをつくったり、クラッカーやバゲットに添えてリエットとして利用するなどの必要からパテやテリーヌを購入する機会も多くなった。スーパーマーケットやデパートの食品売り場、街の食料品専門店などに行くと、さまざまなペーストが売られているし、また通販などによっても楽に入手できる。

そのため、料理に合ったものを自由に選ぶことができ、便利な時代になったものだと、この老兵は感心する。市販または通販されている肝臓を使った商品も結構多く、どれも美味しい。例えば、田舎風パテである「パテ・ド・カンパーニュ」はフランス産の豚肉と肝臓を使った食感と素朴感が味わえるパテだ。野生の鹿肉と鶏レバーを使った「北海道産蝦《え》夷《ぞ》鹿のパテ」、スペイン産の豚レバーを使った「イベリコ豚レバーパテ」も美味い。これらはカナッペやブルスケッタによく合い、クリームパスタ・リゾットにするとすばらしいワインディッシュとなる。また鶏レバーと鶏肉を使った「国産鶏レバーのパテ」は食感も楽しく、夏みかんを使っているので爽やかな後味である。「パテ・ド・カンパーニュ」は豚レバーと豚肉を使った本格派のパテ、「フォアグラ（ダック）パテ」は白ワインに合うフォアグラ入り鴨肉のパテ、「豚肉とピスタチオのテリーヌパテ・ド・カンパーニュ」は豚肝と豚肉、豚脂でつくったパテで熊本産である。肉本来のうま味が詰まった濃厚な味わい、「デラックスレバーパテ」は豚肝と豚肉、野菜ブイヨン、サマートリフが配合された一品などである。

中国には豚の肝臓を茹でてスライスし、豆豉《トウチ》などのタレをかけ、蒸した小麦粉の皮に包んで食べるパテに似たようなものがあった。また福建省には「撈興化粉」という豚のレバーと血液、腸などを入れたヌードル料理があり、広東料理にも類似のものがあった。北京ダックの専門店に行った時、アヒルの肝臓を油で素揚げし、塩、コショウなどで味つけし、蒸した小麦粉の皮に包んで食べるものがあった。中国におけるレバーペーストの配合基本は、鶏レバー一〇〇グラム、牛乳一二五ミリリットル、水一二五ミリリットル、塩一〇グラム、バター七〇グラム、ブランデー大サジ一だということである。

# おわりに

人はなぜレバー料理に惹《ひ》かれてきたのであろうか。

おそらくその原点の一つには、貴重な食べものを無駄にしないためだったというのがあるのだろう。狩猟採集の時代から、やっと得られた貴重な獲物は、全ての部位を大切な食料とすることが必須だったからである。その上、内臓器の中で最も大きな肝臓を捨ててしまうことなどあるわけがない。

さらに、実際に食べてみると、驚くほど美味しいことを知り、その味を覚えてから以後は、味覚欲求の対象としても好んで食べられてきたのである。

貴重なタンパク質補給のための肝臓食は、食べた者が活力を得ることを体験的に知ると、今度はその原動力獲得のために意識的に摂取することになったのである。それもそのはずで、「肝臓は栄養の宝庫」といわれるように、栄養価の極めて高い食べものである。中でもビタミンの含有量が非常に高く、たったのレバー五〇グラムで成人一人が一日に必要とするビタミンAやビタミン$B_1$およびB$_2$をまかなうことができるのである。これはニンジンの約一〇倍に相当する。また、吸収率のよいヘム鉄分や葉酸を多量に含んでいて、造血作用にはてきめんの効果を表す優れものなのである。最近の医学や生理学の研究では、レバーの摂取はヒトの肝臓細胞の再生や皮膚粘膜の保持、病気への抵抗（免疫）力の増強、眼精疲労の解消、アレルギーの予防などに効果のあることが知られている。

これらさまざまな要因が重なって、人はレバーを大いに食べることになった。そうなると今度は、より美味しく食べようとする欲求が起こり、知恵と工夫、発想が込められたさまざまな料理が編み出され、ついにはフォアグラや多くのレバーのパテやテリーヌも創出されたのである。

我が輩はこの本を通して、昔から人がいかにレバーを敬愛し、食べてきたかの周辺を、主に料理や加工の視点から述べてきた。その趣意は、正肉身と比べれば遥かに価値が低いとされてきた臓器に着想を加えて、立派に価値あるものへと進化させ、それぞれの国に優れた肝臓の食文化を成立させた人間の叡智を褒め称えてほしいからなのである。

昔から我が国には「何事にも始めが肝心」といった言われ方がある。この「肝」は肝臓、「心」は心臓のことで、これがないと人は生きることはできないという喩《たとえ》なのである。肝を無駄にせずに食べることで、牲《いけにえ》になった動物たちの命も供養できるのである。

**小泉　武夫**（こいずみ・たけお）
1943年、福島県の酒造家に生まれる。東京農業大学名誉教授。農学博士。専門は食文化論、発酵学、醸造学。現在、鹿児島大学、琉球大学、石川県立大学、福島大学などで客員教授を務める。NPO法人発酵文化推進機構理事長。主な著書は『食あれば楽あり』（日本経済新聞社）、『食と日本人の知恵』（岩波現代文庫）、『発酵食品礼讃』『超能力微生物』（以上文春新書）、『猟師の肉は腐らない』（新潮文庫）、『いきいき・ビンビン 和食生活のすすめ』『くさい食べもの大全』『食でたどるニッポンの記憶』『小泉武夫の 味覚極楽舌ったけ』（以上東京堂出版）など多数。単著は150冊を超える。

イラストレーション：北谷しげひさ

**肝《きも》を喰《く》う**

2021年11月30日　初版印刷
2021年12月10日　初版発行

著　　者　小泉　武夫
発 行 者　大橋　信夫
発 行 所　株式会社 東京堂出版
〒101-0051　東京都千代田区神田神保町1-17
電　話　(03)3233-3741
http://www.tokyodoshuppan.com/
装　　丁　鳴田小夜子（KOGUMA OFFICE）
D T P　株式会社オノ・エーワン
印刷・製本　中央精版印刷株式会社


ISBN978-4-490-21058-3 C0095

## 小泉武夫・好評既刊

### くさい食べもの大全

日本と世界の奇食珍食を食べつくしてきた
小泉教授が「くさい度数」を初認定！
納豆、くさや、ヘビ、カラス、血豆腐……。
五つ星を獲得したのは？
「命の危険がある」ほどくさい食べものとは？
食文化・民族文化にも触れられる、
面白くてためになる1冊です。
**※鼻に栓をしてお読みください。**

四六判、304頁、ISBN978-4-490-20895-5　定価（本体1800円＋税）

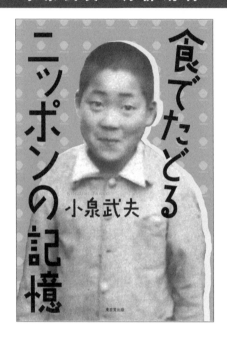